MISÉRABLE ET GLORIEUSE
LA FEMME DU XIXe SIÈCLE

Présenté par
Jean-Paul Aron

Misérable et glorieuse la femme du XIXe siècle

Textes de

Laure Adler
Jean Borie
Alain Corbin
Anne Martin-Fugier
Philippe Perrot
Jean-Pierre Peter
Madeleine Reberioux
Martine Segalen
Béatrice Slama

Fayard

ISBN 2-213-00924-4

Préface

Exclue, asservie, insignifiante, telle qu'après quelques philanthropes, contemporains de son sort déplorable, la décrit,
indigné, le discours féministe de notre temps ?

Souveraine, gardienne du foyer, fer de lance des ambitions
bourgeoises, entreprenante sans imprudence, ambitieuse sans
démesure ? Mme Birotteau. Chez les opprimés, âme de la
résistance, gage de la survie ? La Maheude, intraitable et
sublime, dans la grève de *Germinal*...

L'INTERDITE

Ce n'est pas que la femme fût avantagée sous l'Ancien
Régime, mariée contre son gré, dénuée dans le mariage de
toute liberté, passible, en cas d'écart, d'internement dans un
couvent pour les mieux nées, à la Salpêtrière ou à Bicêtre pour
les humbles. Reste qu'avant la Révolution elle jouit en France
de privilèges compensatoires, qu'elle tisse dans les hautes
classes la trame du lien social, qu'elle régit les conversations,
les soupers, les soirées, qu'elle se dévergonde jusque dans la
plèbe des villes. Ultimes fulgurances de l'ordre aristocra-

tique : les personnes de moindre condition allouent plus obligeamment leurs faveurs à des hommes de qualité qu'à ceux de leur rang.

C'est le moment où s'ourdit, moralisante, l'idéologie des commis, des fonctionnaires et des négociants qui s'exalte sous la Révolution. Elle destine à la femme un vaste programme de contraintes et d'avanies. De Jean-Jacques Rousseau promulguant qu' « elle est faite pour plaire à l'homme » et que « si l'homme doit lui plaire, c'est d'une nécessité moins directe » puisqu' « il plaît par cela seul qu'il est fort » [1] au docteur Roussel, dans un livre à succès [2], la décrétant d'infirmité par constitution, la nouvelle sensibilité la rejette unanimement dans le camp des mineures et des incapables.

Étonnez-vous que Robespierre, catéchisé par Rousseau, invective Sieyès et Condorcet qui avancent l'idée d'améliorer le statut des femmes dans la famille. Et que Bonaparte, disciple fidèle de Robespierre, déclare au Conseil d'État, délibérant du Code civil, que, s'il existe une chose résolument pas française, c'est qu'elles puissent faire ce qu'elles désirent.

Mariage

Pauvre créature, condamnée par la loi et l'opinion à l'universelle dépossession, dont le mari, sous le régime d'une communauté factice, tout seul administre les avoirs, brade à satiété les immeubles, meubles et autres capitaux, les offre à qui bon lui semble, libre d'employer la fortune indivise à l'entretien d'une gourgandine.

Même scénario, mais plus pathétique et plus sordide, en milieu populaire. Une femme se rendant chez l'homme de justice, afin d'obtenir de son conjoint, parti avec l'argent et les objets du ménage, qu'il lui restitue au moins le grabat de ses enfants, s'attire ordinairement cette réplique : « Votre mari vend ou donne à sa guise les biens de la communauté. » « J'ai entendu, rue Saint-Martin, n° 30, une pauvre ouvrière en filets, une protégée de Béranger, raconter que son mari avait ainsi dévalisé cinq fois sa pauvre chambre pour aller meubler celle de la femme avec qui il vivait. Un jour enfin, elle reçut de cette femme la lettre suivante : " Madame, il m'est arrivé hier un grand chagrin, j'ai eu le malheur de perdre votre mari "[3]. »

Maternité

La femme du xixe siècle institue dans la famille son aire d'activité et de rayonnement. Cependant, elle n'y connaît qu'obligations, si ce n'est, peut-être, quelques initiatives pédagogiques. Encore, de l'éducation des enfants, les principes et les horizons la débordent-ils de toutes parts. Elle ne décide pas du choix des collèges ; les modèles qui guident son magistère moral lui sont transmis par héritage. Et, pour peu que l'occasion s'en présente, la loi, épaulée par l'opinion, lui refuse de faire valoir ses prérogatives.

Le code proclame que l'enfant reste jusqu'à sa majorité ou son émancipation sous l'autorité de ses père et mère. Mais, pas fou, le législateur ajoute : « Le père exerce seul cette autorité. » Étrange, pas vrai, le pouvoir reconnu à la mère empêchée de le manifester.

L'enfant ne saurait quitter la maison parentale sans la permission de son père. De la mère, pas question. On la renvoie aux oubliettes.

Mieux. La loi stipule qu'un « père à qui son fils donne des sujets de mécontentement très graves peut le faire détenir pendant un mois ». Quant aux mères, face à l'inconduite de leur rejeton, elles n'ont que le désespoir pour recours.

Enfin, à l'instant fatidique de la séparation, elles sont ba-

fouées par la législation. Celle-ci indique que les enfants
majeurs peuvent se marier hors du consentement de leurs
parents. En cas de dissentiment, l'accord du père suffit. L'avis
de la femme ne compte pas. Si elle est consentante et que son
mari refuse, son acquiescement est nul. Refuse-t-elle, tandis
qu'il consent, son désaccord n'a pas d'effet.

Carrière

Sous le régime de la séparation, la femme conserve la disposition de sa fortune. Au bercail, par son ascendant personnel,
elle pallie les inconvénients de son impuissance juridique.
Mais rien ne vient atténuer ou contourner son invalidité
sociale. Ici, pas de merci. Elle est interdite de carrière et de
titres, spoliée de travail, sauf à tomber dans l'abjection des
prolétaires. La femme « comme il faut » est proscrite des
tâches par lesquelles elle pourrait rivaliser avec les hommes.

Pas même citoyenne, quand la société dominante promeut
l'égalité — entre citoyens bien lotis, s'entend — en norme prio-
ritaire. Les femmes ne peuvent être témoins dans une affaire
publique ou un testament, tutrices ou membres d'un conseil de
famille, sinon en tant que mères ou qu'aïeules. En exprimant
cette prohibition, le législateur, impudemment, les assimile
aux déments, aux condamnés à une peine afflictive ou infa-
mante, aux débauchés, aux gérants incapables ou infidèles...

Certes, dans le monde, si influent depuis 1830, de la boutique, la « patronne », à la caisse, s'avère essentielle. Mais
elle n'existe professionnellement que comme l'auxiliaire, le
satellite ou l'ombre du mari. Imaginez maintenant qu'une
dame de bonne origine, connaissant des revers et se sentant
douée pour l'arrangement des bouquets, s'établisse, sous son
nom, fleuriste à son compte de manière à nourrir ses enfants.

Ses proches, ses amis, ses relations lui tournent le dos [4]. Supposez qu'une curieuse prétende écouter des conférences à la Sorbonne. Elle en est chassée. En 1810, quand Lacretelle, nommé suppléant d'un professeur ennuyeux, attire, par son éloquence, les filles à ses leçons, le conseil de faculté, scandalisé, leur ferme les portes de l'université de Paris. Elles ne se rouvriront qu'en 1864, sous le ministère de Victor Duruy, pour l'unique occurrence des cours publics [5].

Désirs

Écartée du pouvoir civique, juridique, familial, la femme conserve un corps, repaire de désirs, défi à l'organisation sociale. Qu'adviendrait-il de ses normes d'économie et de rendement, si, retombant dans les errements de l'âge nobiliaire, on y inscrivait un droit à la jouissance et celui de quiconque à s'y adonner?

Le péril est extrême. Des pervers, masturbateurs, pédérastes, sodomistes, l'honnête homme est spontanément porté à se garder. Mais des femmes, allez donc lui dire de se préserver! Elles le fascinent à mesure de leurs résistances. Il les adore faute d'en user à son gré. Il les célèbre en cadence de sa contrition virile : la beauté ne saurait lui ressortir. On coiffe, on arrange les détenues dans les maisons de correction; on s'évertue à y enlaidir les garçons. Un viveur du Second Empire, Nestor Roqueplan, déchaîne sa hargne contre ce « sexe hideux », le sien, offusquant la perfection féminine de la nature.

De sorte qu'aucune précaution n'est inutile pour mettre la femme à l'abri des appétits qu'elle détermine. Elle est la victime expiatoire d'une pratique qui ne réprime pas la sexualité mais s'évertue à la masquer. Jusque dans les ateliers quasi disciplinaires, les internats soyeux, évoqués par Madeleine Re-

bérioux, où les bonnes sœurs, relayées par les contremaîtres et
les contremaîtresses, obligent les ouvrières à travailler et à
manger en silence, les yeux baissés. Il faut beaucoup de témé-
rité, de passion et même de folie à la duchesse de Langeais,
recluse chez elle dans les souffrances de l'amour, pour envoyer
sa voiture vide avec sa livrée stationner rue de Seine devant
l'hôtel du général-marquis de Montriveau. Provocation inouïe
qui eût ravi Mlle de la Môle, femme-dandy, vestige d'une
oligarchie n'opérant pas le partage de la branche et du
désir[6].

Guignée en permanence, la femme, très généralement
redevable de la compassion des juges, est, en matière de
mœurs, sous le moindre prétexte soupçonnée de turpitudes.
Quand la jeunesse lui fournit un suffisant argument d'innocence ou que les preuves de sa culpabilité se dérobent, la justice et l'opinion rétorquent par l'indulgence à l'infamie des
séducteurs. Ainsi montrent-ils clairement que ceux-ci
n'opèrent jamais qu'en terrain sûr, qu'ils débusquent des com-
plicités invisibles, une corruption qui n'oserait pas s'afficher
spontanément. A l'époque où l'on ne badine pas sur le détour-
nement des mineurs, où Gautier, instituteur au Pellerin, près
de Paimbœuf, accusé d'avoir socratisé ses élèves, est condamné
au bagne à perpétuité, on inflige six ans d'emprisonnement à
Alexandre Louis, violeur d'une petite fille de neuf ans et réci-
diviste de surcroît[7]. Cinq ans à un nommé Carlier accusé du
même crime sur une fillette de onze ans[8]. A un sergent du 60e
régiment de ligne, cinq ans encore pour avoir défloré une
enfant de six ans[9]. Sous le Second Empire, un certain Jolivet
n'en écope que six, en rétribution d'un attentat à la pudeur
avec violence sur une blanchisseuse de quatorze ans[10].

Interdite de sexe, la femme l'est, en fait, de tout son corps,
dès lors qu'il lui procure du plaisir. Au restaurant, paradigme
de la bonne chère, les hommes ne vont pas avec leurs épouses,
tout au plus avec les filles de noce. Et chez soi, c'est l'am-

phytrion qui règne, sous l'œil insensible de la maîtresse de maison.

LA GARANTE

Le comble est qu'une société outrageante prétend faire servir cette malheureuse à la gloire de ceux qui l'en dépouillent quotidiennement. Car, nonobstant les clichés indélébiles, les images invétérées d'une classe optimiste, sûre d'elle-même, trouvant dans son énergie une force de dissuasion imparable contre les motifs de découragement, la bourgeoisie française n'a pas acquis par la prise de pouvoir et la propriété des richesses la conviction de sa grandeur. Celle-ci ne relève ni des constitutions politiques ni des mécanismes du marché mais d'instances symboliques dont nous ne sommes pas, en 1980, complètement libérés. Et la plus obsédante, qu'on suit à la trace des guerres napoléoniennes à l'affaire Dreyfus, c'est la légitimité nobiliaire dont la Révolution, loin de s'en délivrer, a déployé les figures dans la sensibilité collective. Lorsqu'il sacrifie frénétiquement à la table, le nouveau notable se livre à une joute avec des gentilshommes fantômes, les aristocrates du XVIIIᵉ siècle, pour les surpasser en magnificence.

Dans cette mythologie, les femmes s'inscrivent éminemment. A défaut de les reconnaître elles-mêmes, on leur assigne une mission de légitimation.

LE DEDANS

La bourgeoisie découvre les individus, la parité des chances, la réalité du mérite substituée à la chimère de la naissance. Mais, simultanément, l'angoisse de la table rase : pas de

racines, pas de traditions. Elle ne saurait survivre sans assise.
La famille lui fournit un espace assurantiel confortable.

Intégration

La femme est dévolue à une tâche harassante. Il lui échoit
de rassembler et de recoudre incessamment les parties d'un
tout dont l'unité ne souffre pas de menace. Du relâchement,
de la négligence et c'est la dérive : les maris saignés par des
courtisanes, les fils perdus ou prodigues, les filles livrées au
célibat ou à la honte, aux vapeurs, aux scrofules, à la con-
somption. Non pas que l'épouse-mère-gardienne du foyer s'at-
telle à séquestrer un homme, confondant l'amour et le respect, qui ne l'approche charnellement que pour l'office, modéré,
de la génération, aux fins de la transmission du patrimoine.
Mais elle est le ciment d'un système peu affecté par les inter-
mittences du cœur. Si l'on pose que toute femme hésite, dans
le mariage, entre les rôles d'amante, de fille ou de mère, nul
doute qu'elle n'élise, au XIXe siècle, sous la pression des circonstances, le maternage du mari.

Tant est vibrante cette vocation que le modèle de la maternité triomphante finit par déborder le cadre bourgeois de la
configuration matrimoniale. Dans l'aristocratie ou ce qui en
reste, la femme pousse même plus avant l'ardeur intégrative.
Les tutrices, dans Balzac, les initiatrices, moitié mères, moitié
maîtresses, révèlent à leurs pupilles les secrets du corps social,
ses voluptés et ses traquenards, les moyens d'insertion dans
ses réseaux. La pédagogie de Mme de Mortsauf s'exerce sur
Vandenesse à la dimension du monde, fascinateur et
carnivore.

Intégrité

La mère s'applique plus prudemment à maintenir intacte la pureté physique d'un microcosme agressé de tout côté : par les épidémies, la pollution de l'air, les inconséquences du comportement. Cette fonction n'a pas sollicité particulièrement l'attention des historiens. Trois essais comblent dans cet ouvrage un vide. Jean-Pierre Peter a raison de noter, pendant une longue séquence du XIXᵉ siècle, la réduction de la femme par une médecine paternaliste. Et Jean Borie, de mettre en évidence l'extase gynécologique de la seconde moitié du siècle, l'avènement idéologique de la femme par une littérature appuyée sur les discours médicaux. La vérité commune est sans doute exprimée par Anne Martin : les femmes logent la médicalisation au premier plan de leurs responsabilités domestiques pour chasser les miasmes, soulager les souffrances, prévenir les maladies et, si elles surviennent, les soigner avec l'aide et la complicité du praticien.

A partir des années 50 leur zèle s'enflamme à l'écoute des nouveaux savoirs. L'hérédité dont le spectre cheminait en sourdine depuis un siècle dans la pensée médicale fait soudain irruption dans le lexique courant. Plus de bourgeois ignorant qu'il est hypothéqué — dramatique observation dans un temps de volontarisme financier — par des principes morbides, que ses artères charrient des immondices dont ses descendants, son plus cher souci, ne manqueront pas d'être grevés, s'il n'en est pas directement la proie. D'où une prophyllaxie naïve, une sensibilité d'alarme qui s'emballe à l'approche des mariages. Les mères se font prêtresses, interrogeant les oracles, ne sous-estimant nul détail pour garantir le succès de l'affaire. Elles aspirent à une exogamie raisonnable. Point

n'est besoin de se retrouver entre soi. L'astuce est de chercher
ailleurs des sources d'argent frais.

Délicate opération. A quoi bon veiller sur la santé de sa
lignée pour la compromettre socialement ? L'intégrité suprême
consiste à améliorer son standing au double titre du revenu et
de la considération. Pour y parvenir on se résigne aux conces-
sions. Mme Josserand, dans *Pot-Bouille,* lâche littéralement sa
fille Berthe dans le coin d'un salon sur la partie la moins
ostensible de la personne d'Auguste Vabre, légèrement dégé-
néré, mais qu'y faire ? Car, de ces infractions vénielles à la
décence et à l'hygiène, un immense bienfait ne va-t-il pas
naître : l'association d'une demoiselle sans dot avec un ren-
tier ? Superlative lucidité d'une mère aimante qui confronte,
d'un regard infaillible, l'insignifiance des moyens et l'insignité
du but !

L'intimité

A la fin du siècle et au début du nôtre, les femmes intériori-
sent leur charge. Leur enseigne, c'est le domicile auquel elles
s'identifient. Auparavant, elles l'habitaient comme un signe, il
dessinait un cadre à leur mission. Maintenant, elles l'ordonnent
à la fois en théâtre d'opérations et en apanage. Les discours
commentés par Anne Martin sont édifiants : le dedans y cons-
pire avec la maîtrise : ministre de l'intérieur ; maîtresse de
maison... Ils s'énoncent au croisement de deux mouvements
historiques. D'une part, l'instauration des styles de vie petit-
bourgeois en modèles collectifs : c'est le moment, par
exemple, où, de plus en plus fréquemment, la famille se réunit
pour le déjeuner de midi. D'autre part, la féodalisation des
grands bourgeois. Qui l'eût cru sous la Restauration et la
monarchie de Juillet, quand la rue, les magasins, la foule constituent, à l'instar de la presse récente, les champs d'expé-

rience, de gratification et de bataille de la société française. Il n'est pas chic alors de dîner chez soi, il convient d'être vu. Tout change à présent. Il est plus élégant de faire sa pâtisserie que d'aller l'acheter chez les meilleurs traiteurs. Il n'est pas indiqué de courir au restaurant sans rime ni raison. On reconstitue dans les milieux les plus huppés, les « maisons » d'Ancien Régime. C'est l'époque où la pensée réactionnaire éprouve la nostalgie des terroirs, où l'on quitte volontiers Paris et les villes pour se recueillir sur ses terres. Dans *Les Déracinés*, Barrès rêve des provinces d'avant la Révolution où la souche paysanne et la race nobiliaire s'arc-boutent tant bien que mal. Un peu plus tard, Proust fait dire au duc de Guermantes, côtoyant dans une noce un paysan de son village : « Tu es des Laumes ? Je suis ton prince. » Dans cette conjoncture inquiète qui voit la bourgeoisie, toutes nuances réunies, revendiquer avec hargne un honneur rétif, la femme tire son épingle du jeu, consacrant la dignité du foyer par ses travaux inlassables, chouchoutant son époux afin de le retenir, assumant l'éducation des enfants, veillant sur la cuisine et le ménage, prosélyte, transmettant, par les « œuvres », son message à d'autres intérieurs.

LE DEHORS

Avant de décrocher bourgeoise ou prolétaire, sa part de lustre dans la famille, la femme de longtemps, dans les hautes sphères, contribue à celui de son clan.

De la vertu

La morale du XIXe siècle n'est ni puritaine — elle ne procède pas d'une coercition religieuse — ni rigoriste — elle ne vise pas à l'évacuation du sentiment par la raison —, mais conformiste, fondée sur une coalition d'hétéronomies : la nature, la technique, l'opinion. L'attrait de la femme perturbe cette harmonie précaire. Pour préserver une institution dont elle est garante, elle soumet son comportement à une vigilance pointilleuse : ce n'est pas seulement de sa fierté, de celle de son mari et de sa famille qu'il est question, mais d'un destin de classe et de salut public. C'est pourquoi la pudeur et la modestie qu'elle préconise se répercutent jusqu'aux espèces ne relevant pas de son essence. A l'ouvrière, à la bonne, à la nécessiteuse, livrées à leurs instincts de bête, on impose, fût-ce par la force, les apparences de l'honnêteté, pour le temps où elles pénètrent dans l'orbite des gens estimables.

Ainsi n'est-il pas faux de dire que la femme du XIXe siècle porte sa vertu en bandoulière. La nouvelle société est stoïcienne sans le savoir : elle érige les « convenables » en règle impérative. A ceci près qu'en l'ancienne sagesse, ils résultent d'un compromis entre le particulier et l'universel. Plus prosaïquement les « convenances » se bornent à subordonner le désir à l'honorabilité.

Du train et des équipages

Saint-Simon rapporte que le carrosse de Pierre de Gonzague, souverain de Mantoue, coince un jour dans les guichets du Louvre celui du duc de la Force. Les cochers, les majordomes parlementent. On s'enlise. A bout d'arguments, le Français lâche son arrêt : seul, par civilité, il laisserait le passage à un noble étranger ; s'y trouvant avec la duchesse de la Force, il ne s'y peut prêter en aucune façon.

La femme du XIXe siècle possède pour les agents de change, les banquiers, les conseillers à la cour et même les gros commerçants une valeur emblématique plus précieuse. Mme de la

Force ne tient pas lieu au duc de faire-valoir. La galanterie
qu'il lui dispense humanise son orgueil de caste, au contraire,
elle confère à son intransigeance un accent protecteur et gra-
cieux. Les bourgeois n'ont pas touché l'insolence en hoirie. Et
leur éthique, en réaction contre le panache, l'esprit de dilapidation et l'oisiveté nobiliaires, leur dicte un aspect sévère et
un calendrier astreignant. A leurs épouses, vêtues et déshabi-
billées par Philippe Perrot, ils confient donc le soin d'illustrer
qu'ils sont prospères, qu'ils ont hôtel et dépendances, domestiques à foison, qu'ils connaissent les usages et reçoivent
avec splendeur. Par leurs toilettes, peu modifiées depuis le
XVIIIᵉ siècle, si honni et si révéré tout ensemble, elles portent
très haut la position de leur conjoint, elles en arborent le bla-
son, partout où il importe qu'on le contemple, dans les salons,
au bal, à l'église, à la promenade : « ... Souvent le tilbury de
Maxime restait à la maison ; c'était Renée, avec sa grande
calèche, qui venait prendre le collégien. Ils allaient au Bois
alors dans tout son neuf. Là, elle lui faisait un cours de haute
élégance, elle lui nommait le Tout-Paris impérial, gros, heureux, encore dans l'extase de ce coup de baguette qui chan-
geait les meurt-de-faim et les goujats de la veille en grands sei-
gneurs, en milliardaires soufflant et se pâmant dans le poids
de leur caisse [11]. »

LA SUPERBE

Douteriez-vous qu'ainsi gorgée d'emplois, si indispensable à
ceux dont elle manifeste l'hégémonie par procuration, la
femme du XIXᵉ siècle ne recèle les attributs de la majesté ? Au
plus bas de la déchéance, la bonne l'exerce sur sa patronne qui
lui abandonne son corps dénudé ; la putain sur les maris
qu'elle fait jouir et rire, prenant, dit Alain Corbin, la revanche
de toutes les femmes frustrées.

Inspiratrice

Mais son pouvoir n'est pas confiné dans ces décors d'opprobre. Il s'épanouit dans le foyer conjugal par un langage péremptoire. A la servitude des Françaises, les philanthropes du xixᵉ siècle opposent volontiers l'indépendance des étrangères : « En Amérique, une fille belle et jeune sort le jour, le soir, à pied, en voiture, monte sur un bateau à vapeur, dans un chemin de fer et traverse toute seule les États de l'Union, dans un espace de trois cents lieues, sans qu'on lui adresse un mot qui la fasse rougir, un regard qui l'embarrasse ; on la respecte trop pour faire attention à elle [12]. » Et si la déférence, ici, n'était qu'un subterfuge de la relégation ? En France, les hommes ne s'isolent pas en communautés viriles à l'image des autres nations d'Occident, du Nord au Midi, catholiques ou protestantes. Leur supériorité affectée ne doit pas faire illusion, non plus que la condescendance attendrie à laquelle les adorateurs de la féminité n'échappent jamais tout à fait. « La femme est impunissable », écrit Michelet, mi-fervent, mi-pitoyable. Passé les grivoiseries de café, les rigolades de défoulement, ils engagent avec leurs épouses, dans l'intimité où elles règnent, un dialogue. Ce n'est pas d'intendance qu'il traite, mais de carrière et d'ambitions : « ... Le succès fut dû, sans que César s'en doutât, à Constance qui lui conseilla d'envoyer l'Eau Carminative et la Pâte des Sultanes par caisses à tous les parfumeurs... en leur offrant un gain de trente pour cent s'ils voulaient prendre ces deux articles par *grosses* [...] En 1810, Mme César prévit une hausse dans les loyers, elle poussa son mari à se faire principal locataire de la maison où ils occupaient la boutique et l'entresol, et à mettre leur appartement au premier étage [13]. »

La France, depuis, n'a pas changé de visage. Pour gagner la sympathie d'un supérieur, pour briguer un avancement, quel

homme, quel jeune impétrant ne sait, d'une conscience immé-
moriale, que l'aval des femmes est indispensable et rédhibi-
toire leur veto ?

Instigatrice

Et puis, soudain, voyez-les prendre le mors aux dents.
Finie, la dévotion à l'œuvre des maris. Lorsqu'elles en aiguil-
lonnent la destinée hésitante, c'est leur propre souveraineté
qu'elles élaborent. Voyez les femmes rurales, non point
asservies à leurs mâles, selon un poncif indécrottable, mais,
indique Martine Segalen, fortes et redoutées, associées aux
paysans à la ferme et jouissant de l'avantage supplémentaire
de parler aux autres — parents, voisins, serviteurs, vaga-
bonds —, dont les hommes, méfiants et comptables, redoutent
l'intrusion. Support de l'existence et du prestige ménagers,
leur autorité est guettée par les abus sitôt que s'ouvre une
brèche dans la cohésion familiale : dans *La Terre*, Jacque-
line, tyrannique et rapace, précipite la chute de Hourde-
quin.

Voyez les bourgeoises, de Paris et d'ailleurs, rongeant
leur frein, manipuler les hommes comme des jouets : « Son
père, en acceptant le jeune homme, ne [prisait] que l'apport
des cinquante mille francs qui allaient le sauver de la fail-
lite. Mais Félicité avait de meilleurs yeux. Elle regardait au
loin dans l'avenir, et elle se sentait le besoin d'un homme bien
portant, un peu rustre même, derrière lequel elle pût se cacher
et dont elle fît aller à son gré les bras et les jambes. Elle avait
une haine raisonnée pour les petits messieurs de province,
pour ce peuple efflanqué de clercs de notaire, de futurs avo-
cats qui grelottent dans l'espérance d'une clientèle. Sans la
moindre dot, désespérant d'épouser le fils d'un gros négociant,
elle préférait mille fois un paysan, qu'elle comptait employer

comme un instrument passif, à quelque bachelier qui l'écrase-
rait de sa supériorité de collégien et la traînerait misérable-
ment toute sa vie à la recherche de vérités creuses. Elle pensait
que la femme doit faire l'homme. Elle se croyait de force à
tailler un ministre dans un vacher[14]. »

Voyez-les, plus tragiques et plus somptueuses, émoustiller la
combativité virile, se hisser sur les barricades, préférer, dans
les longues grèves, la dignité à la misère et à la mort.

Voyez-les enfin, guidés par Madeleine Rebérioux, indiffé-
rentes à l'avis des hommes, se soulever contre l'exploitation
économique chez les boulangers et sur les marchés ou dans les
ateliers, contre les extrémités de l'aliénation...

Auteur

Au bord de l'autonomie dans la révolte, elles y accèdent par
l'intronisation d'une parole. Dès le début du siècle, elles sou-
tiennent la gageure d'assumer, sans vergogne, des conduites
arbitrairement imparties aux hommes, de révéler leur identité par la lutte militante. Qu'importent les frictions, les compromissions, les dérapages évoqués par Laure Adler, quand
elles n'hésitent pas à quitter maris et enfants, à étaler leurs
amours coupables, à haranguer leurs compagnes, à traverser
le ronronnement collectif de parasites insupportables ?

Ces incartades ne s'épuisent pas dans le tohu-bohu des événements. Elles s'inscrivent, par la littérature, dans l'histoire.
Sûr, il y a belle lurette qu'en France, très privilégiée à cet
égard, les dames occupent dans la vie culturelle une place
enviable. Au XIXᵉ siècle, cependant, l'écriture des femmes,
dont Béatrice Slama expose les inflexions originales, se voue plus
spécifiquement aux femmes, ce qui ne va pas, quelquefois,
sans en restreindre le propos ou le teinter d'un narcissisme
préjudiciable : « Ce qui reste de pire », note cruellement Nietz-

sche de George Sand, « c'est sa coquetterie, féminine avec des virilités, avec des manières de gamins mal élevés[15]. » La complaisance à soi-même serait-elle une superfluité nécessaire, un luxe que s'offre toute condition humaine pour se transformer en sujet ?

Jean-Paul Aron

Ce livre a été inspiré par une série d'émissions diffusées au printemps 1979, sur France-Culture, dans le cadre des Chemins de la Connaissance.

NOTES

1. *Émile*, livre V, Éd. Pléiade, t. IV, p. 693.
2. *Système physique et moral de la femme*, Paris, 1775.
3. Ernest Legouvé, *La femme en France au XIXe siècle*, Paris, Librairie de la bibliothèque démocratique, 1873, p. 77.
4. *Ibid.*, pp. 131-132.
5. Cf. Claude Perroud, « Les femmes aux cours de la Sorbonne en 1810 », in *Revue pédagogique*, t. 73, juillet 1918, pp. 25-27.
6. Cf. Roger Kempf, *Baudelaire, Dandies et Cie*, Paris, Seuil, 1977.
7. *Gazette des Tribunaux*, 28 juin 1837.

8. *Ibid.*, 19 octobre 1836.

9. *Ibid.*, 23 novembre 1836.

10. *Le Droit*, 20 août 1856.

11. Zola, *La Curée*, Éd. Pléiade, t. I, p. 410.

12. Ernest Legouvé, *op. cit.*, p. 134.

13. Balzac, *César Birotteau*, Éd. Pléiade (Bouteron), t. V, p. 353.

14. Zola, *La Fortune des Rougon*, Éd. Pléiade, t. I, p. 56-57.

15. *Le Crépuscule des idoles*, traduction H. Albert, Paris, Mercure de France, 1952, p. 142.

SERVITUDES

La bonne

par Anne Martin-Fugier

La crise de la domesticité

A la fin du XIXe siècle et dans les premières années du XXe, le cri est unanime : on ne trouve plus de bonnes. Or, si l'on regarde le nombre de domestiques à cette époque, on constate qu'il ne diminue guère. Tout au long du XIXe siècle, les domestiques ont été nombreux : entre 900 000 et 1 000 000 pour toute la France, hommes et femmes, du valet de ferme à la femme de chambre de grande maison, toutes catégories confondues. Il n'y a pas moins de domestiques globalement à la fin du siècle. En revanche, alors que les domestiques spécialisés connaissent de plus en plus le chômage, on s'arrache les bonnes à tout faire. Ce n'est pas le même public qui s'adresse aux uns et aux autres. En effet, un maître d'hôtel, une cuisinière, une femme de chambre ou une nourrice vont trouver place dans des grandes maisons. Ils reviennent cher (un maître d'hôtel est payé 150 à 200 francs par mois, une cuisinière ou une femme de chambre 50 à 100 francs, à Paris ; en province, les gages ont toujours été moins élevés), et il y a de moins en moins de grandes fortunes. Quand on descend dans la hiérarchie sociale, disparaît d'abord le domestique mâle, puis les domestiques féminines spécialisées. Enfin, chez les petits-bourgeois, ne reste que la bonne, parce qu'ils n'ont pas de quoi s'offrir mieux. Elle gagne 30 à 40 francs par mois en moyenne, à Paris ; elle cumule tous les rôles : cuisinière, femme de chambre, femme de ménage, bonne d'enfants, et cela sous la surveillance de la maîtresse de maison, d'autant plus pointilleuse qu'elle a besoin de souligner la différence entre celle qui sert et celle qui est servie.

La bonne représente l'accession au statut de bourgeois. « Quand y a plus d' bonne, y a plus d' bourgeois », chantent les Frères Jacques, définissant ainsi si justement sa fonction symbolique essentielle. Si on manque de bonnes à la fin du XIXᵉ siècle, c'est que de plus en plus de petits-bourgeois veulent être servis. Quitte à se priver de manger à leur faim, quitte surtout à ne pas nourrir la personne qu'ils emploient. Telle Mme Josserand dans *Pot-Bouille*, que toutes ses bonnes quittent tant elle les traite mal, et qui doit se contenter de « ce torchon d'Adèle », petite Bretonne crasseuse et ignorante, obligée de voler quelque pitance pour ne pas mourir de faim. La condition de bonne chez des petits-bourgeois est donc particulièrement dure : la maîtresse de maison s'acharne à obtenir d'elle tout le travail qu'elle peut fournir, car donner des ordres et exploiter un inférieur marque la distance avec les prolétaires.

Devenir bonne à Paris

La provinciale « monte » à Paris pour se placer. D'après le recensement de 1901, seulement 8 pour 100 des domestiques qui servent à Paris sont d'origine parisienne. La grande ville attire. Prestige de la capitale ; prestige de la vie libre, loin de sa famille ; attrait des gages plus importants. Beaucoup de jeunes filles venaient se placer à Paris pendant quelques années, le temps de se constituer une dot. Les Côtes-du-Nord et la Nièvre fournissent à la capitale le contingent le plus élevé de domestiques.

Il est rare qu'une provinciale arrive à Paris sans y avoir de contacts. Elle suit des maîtres qui l'ont engagée lors d'une villégiature, elle rejoint une « payse », qui travaille depuis quelque temps déjà à Paris et peut l'aider à trouver une place ; ou bien elle s'adresse à une Société provinciale, qui l'accueille et lui cherche un emploi. Si elle monte à Paris sans connaître personne, elle va voir un bureau de placement, dont les agents recrutent d'ailleurs souvent aux alentours des gares.

Les bureaux de placement étaient de deux sortes : privés et publics. Les premiers se faisaient payer, et, jusqu'en 1904, les frais de placement étaient à la charge des domestiques. Ils s'élevaient à 3 pour 100 du salaire annuel. Ainsi, une bonne qui gagne 30 francs par mois devait-elle au bureau 10 francs 80. Ce droit de placement est exigible, quelle que soit la durée du service, le neuvième jour. Si la domestique change de place plusieurs fois dans la même année, elle cumule les droits de placement : c'est l'une des raisons pour lesquelles le chômage était une vraie catastrophe pour elle.

Pour lutter contre l'exploitation que faisaient subir aux domestiques les bureaux privés, se mettent en place des bureaux publics gratuits, dans chaque arrondissement de Paris, de 1887 à 1907. Mais ils n'arriveront jamais à faire réellement concurrence aux bureaux privés, dont on dit qu'ils offrent de meilleures places. La loi de 1904 met le placement à la charge des maîtres, ce qui paraît juste mais provoque un tollé de leur part. Il semble que, pour récupérer le droit versé, ils diminuent d'autant les gages du domestique qu'ils emploient.

Travailler comme bonne

La bonne à tout faire a un emploi du temps harassant : de six heures du matin où elle allume les feux jusqu'à dix heures du soir, lorsqu'elle peut enfin remonter dans sa chambre, elle ne s'arrête guère. Elle prépare le petit déjeuner de la famille, lève les enfants et les fait partir pour l'école, quand ce n'est pas elle qui les y conduit. Puis elle range les chambres, recouvre les lits, époussette un peu, avant d'aller au marché. Après quoi elle fait cuire le déjeuner, le sert, lave et essuie la vaisselle. L'après-midi est consacré à des tâches diverses selon les jours de la semaine : lavage, repassage, raccommodage, nettoyage de l'argenterie et des cuivres, nettoyage à fond d'une pièce, etc. Retour des enfants, goûter, dîner-préparation, service, vaisselle. A cela s'ajoutent les grands nettoyages de printemps et d'automne : il faut battre les tapis, laver les doubles rideaux et les tentures...

Deux éléments alourdissent le travail de la bonne : l'absence d'eau courante et de tout-à-l'égout, d'abord. N'oublions pas que l'installation du tout-à-l'égout parisien ne se termine qu'en 1899, que l'eau à chaque étage est loin d'être le lot commun des immeubles et que, jusqu'à la fin du siècle, les porteurs d'eau ont encore quelque activité. Que pouvaient être les travaux ménagers dans ces conditions ? Pots de chambre à vider et eau chichement mesurée : deux seaux d'eau par jour pour la cuisine, la vaisselle et la toilette d'une famille, voilà qui n'était pas rare.

Le second élément est la disposition des appartements et leur encombrement. Comme les terrains à Paris sont très chers, on construit des appartements plus petits, et on rogne surtout sur le domaine réservé aux domestiques : cuisines minuscules, mal aérées, souvent éloignées de la salle à manger. Quant aux salons, salles à manger, chambres à coucher, que la bonne doit nettoyer et dans lesquels elle doit évoluer, ils sont surchargés de meubles, bibelots, tentures, plantes vertes, comme si la décoration intérieure de l'époque avait horreur du vide.

Précisons que, dans les emplois du temps pour domestiques

publiés au XIXe siècle par les divers manuels de conseils aux
maîtresses de maison, n'apparaît pas de temps laissé à la
bonne pour prendre ses repas. A elle de se débrouiller pour
manger sur un coin de table à la cuisine, entre deux coups de
sonnette. Quant au repos hebdomadaire, les domestiques n'y
ont pas droit, selon la loi de 1906. En effet, après maintes dis-
cussions, on décida qu'il était impossible de traiter les domestiques comme les ouvriers et les employés : ils appartiennent à
la sphère du privé et le législateur respecte l'intimité des
familles. Par ailleurs, dit-on à la Chambre, que deviendrait la
vie parisienne si les domestiques avaient le droit de ne pas
assurer leur service certains jours, certains soirs ? Il dépend
donc du bon vouloir des maîtres que la bonne ait quelques
heures de repos le dimanche, après un déjeuner familial souvent plus important à préparer que les autres jours, et une
vaisselle en conséquence.

Salaire et logement

Si l'on compare le montant des gages aux autres avantages
dont jouit la bonne, on trouve que les gages n'entrent que
pour moitié dans son salaire. En effet, elle est nourrie, logée,
blanchie, et quelquefois aussi, éclairée. Quand elle est
engagée, il arrive qu'elle touche le « denier à Dieu » — de 5 à
20 francs —, tradition qui va s'effaçant, il est vrai. Ne s'efface
pas, en revanche, l'habitude de donner des étrennes aux
domestiques ni celle de leur abandonner des vêtements. La
bonne bénéficie souvent, en outre, d'une allocation spéciale
pour le vin. Au total, elle est mieux payée qu'une ouvrière.
Juste avant 1914, on évalue à 100 francs par an la différence
de gains entre elles deux. Mais une bonne travaille soixante à
soixante-dix jours de plus : c'est pourquoi on peut appeler ces
100 francs « le prix de la liberté [1] ».

Elle est nourrie et logée. Fort mal nourrie, parfois. Très
mal logée, la plupart du temps. Au dernier étage des
immeubles s'alignaient, le long d'un couloir, des chambres
petites, mal aérées, mal isolées, brûlantes en été, et — comme
elles n'étaient jamais chauffées — glaciales en hiver. Pas d'eau
courante, bien entendu ; un seul point d'eau au bout du couloir, pour vingt, trente ou quarante chambres ; un seul w.c.,
jamais nettoyé : la concierge ne montait guère au sixième
étage pour l'entretenir.

A l'Exposition de la Tuberculose, à Genève, en 1906, on a
montré, côte à côte, une chambre de bonne du quartier des
Champs-Élysées et une cellule de la prison de Fresnes : la
seconde était beaucoup plus habitable, propre, aérée, avec
l'électricité et le tout-à-l'égout. A la fin du siècle se met en
place toute une campagne d'information sur le sixième étage,
repaire de tuberculose et d'anémie. On en appelle à la vigilance des maîtres, des propriétaires et des pouvoirs publics :
croisade pour la salubrité générale, sous le coup de la peur que
les miasmes ne descendent les escaliers.

L'image de la bonne

Elle fait parler : « La domesticité joue un rôle prépondérant
dans la conversation des ménages parisiens. Dans tous les
mondes où sévit la causerie *popote*, c'est-à-dire presque généralement à tous étages de Paris, il n'est question que de ces
" créatures ". " Êtes-vous contente de votre domestique, chère
madame ? " est une de ces phrases qui mettent le feu aux
poudres des chauds dialogues dans la médiocratie des salons
bourgeois. L'art des confidences s'allume aux relents des cuisines... » (Octave Uzanne[2].) Zola mettait en scène, en 1882,
dans *Pot-Bouille*, les rapports entre les maîtres et les bonnes,
les étages bourgeois et le sixième étage. La bonne fait écrire :

de Balzac à Mirbeau (*Le Journal d'une femme de chambre*
date de 1900), quelle place elle tient dans la littérature du
XIXe siècle!

A son importance dans la fiction, on mesure la place qu'elle
occupe dans l'imaginaire bourgeois. Et cela pour une bonne
raison : elle est, à l'intérieur d'une famille qui, au cours du
XIXe siècle, se referme sur elle-même, le seul élément qui
vienne de l'extérieur. La famille a besoin d'elle mais, en
même temps, elle représente une menace pour son intimité.
De cette situation d'exclusion interne naissent deux arché-
types de la bonne : la servante dévouée, et son contraire, la
pécheresse, la perverse, porteuse de tous les désirs et de tous
les vices.

La servante dévouée, la « petite Marthe », vient évidemment de la tradition chrétienne : en servant ses maîtres, c'est
Dieu qu'elle sert, et le paradis qu'elle gagne. Son rapport à la
famille s'exprime souvent en termes organicistes : la famille
est un corps dont fait partie la servante. Qu'un seul membre
vienne à manquer et le corps ne fonctionne plus. Ce modèle de
servante, on le trouve reproduit à l'infini dans les *Rapports
sur les prix de vertu*. Elles sont restées célibataires, n'ont vécu
que pour leurs maîtres. Ils ont connu des vicissitudes, elles les
ont servis en renonçant à leurs gages. Bien mieux, elles se sont
mises à travailler pour les entretenir. Elles ont élevé leurs
enfants, remplaçant la mère si elle venait à mourir. Puis les
enfants de leurs enfants. Véritables gardiennes de la lignée,
elles ont perdu toute existence autonome pour n'être plus que
la mémoire vivante de la famille qu'elles ont servie, pendant
plus d'un demi-siècle parfois.

Le dernier avatar de la dévouée servante, c'est Bécassine,
dont les aventures commencent à paraître en 1906 dans *La
Semaine de Suzette*. Elle a quitté sa Bretagne natale pour
suivre avec passion sa maîtresse, la marquise de Grand-Air.
Éperdue d'admiration devant la distinction de la marquise et

du monde qu'elle fréquente, Bécassine est pleine de reconnaissance pour ces gens si convenables et si bien élevés qui acceptent ses services à elle, pauvre paysanne idiote. Pour ne pas quitter un tel paradis, elle est prête à tous les sacrifices. Ainsi, quand la marquise, obligée par la guerre à réduire son train de maison, annonce qu'elle ne peut garder que Maria, la cuisinière, Bécassine la supplie-t-elle. Elle se fait receveuse dans un tramway pour payer à sa maîtresse son gîte et son couvert[3] ! Son seul souci est que sa chère marquise se fatigue à prendre le métro — épuisant de faire des courses dans de telles conditions... — et elle nage dans le bonheur lorsque, gagnante d'un gros lot de 25 000 francs, elle achète à Mme de Grand-Air la voiture qui lui faisait si cruellement défaut[4]. Caricature bourgeoise de ce que la bourgeoisie souhaite.

A l'inverse de la servante toute dévouée qui s'abîme corps et âme dans le devenir de ses maîtres, il y a celle qui reste un corps étranger à la famille qu'elle sert. Et dans « corps étranger », entendre d'abord corps : c'est bien ce qui inquiète. La bonne, c'est le sexe dans la place, c'est le mari ou le fils séduit (la réalité, c'est plutôt la bonne séduite et chassée, on s'en doute), c'est surtout la virginité de la fille de la maison en grand danger d'être souillée. Et cela moins parce que la bonne initiera la jeune fille à des amours saphiques que parce qu'elle lui révélera l'existence du sexe. La mère a le souci de préserver sa fille de la vérité crue du désir ; qu'une bonne parle et c'en est fini de l'innocence : même si le corps reste vierge, l'âme est déflorée.

Porteuse d'une sensualité débridée, initiatrice de tous les vices : telle est, dans l'imaginaire bourgeois, la seconde image de la bonne. Marie-Madeleine la pécheresse, mais sans le repentir, dont le plaisir pervers est de ravager les familles, d'y semer la passion pour mieux récolter l'héritage — ou peut-être par goût du désordre. Chairs juteuses et appétissantes des servantes, orgies qu'elles organisent au sixième étage : même

délire de l'imagination. La réalité dit pourtant de si pauvres
vies...

Solitude

Loin de sa famille, seule dans sa mansarde après ses quinze
heures de travail, ainsi vit la bonne. Quelle peut être, pour
elle, la part du bonheur? Quand elle a quelques moments de
libres, elle va au bal, elle a, comme tout le monde, des rêves
d'amour. Mais s'il ne lui est pas interdit de se marier et d'avoir
des enfants, il ne lui sera pas possible, en revanche, de jouir
d'un bonheur conjugal ou maternel. Par manque de temps et
d'espace pour les vivre. Quelle intimité peut-elle partager avec
un époux, alors qu'elle use tout son temps et son énergie au
service de ses maîtres? A-t-elle un enfant? elle est obligée de le
mettre en nourrice dès sa naissance. Elle ira le voir, si elle a de
la chance, quelques heures le dimanche. Le bénéfice qu'elle en
tirera, c'est de payer les mois de nourrice, fort cher, d'ailleurs: 30 francs environ. D'après le recensement de 1901,
moins du tiers des domestiques à Paris sont mariées. En 1908,
Le Réveil des Gens de Maison indique que, parmi les couples
de domestiques, 90 pour 100 n'ont pas d'enfant. Voilà pourquoi, souvent, quand une bonne se marie et devient mère, elle
abandonne son métier.

La situation la plus courante et la plus difficile chez les
bonnes est celle de mère célibataire. En 1890, par exemple,
dans les hôpitaux de la Ville de Paris, accouchent 4 624 célibataires: plus de la moitié sont domestiques (2 354). A Baudelocque, en 1900, sur 637 domestiques qui accouchent, 509
sont célibataires. Qu'elles aient été séduites par leur maître, le
fils de la maison, un valet, un fournisseur ou un homme
auquel elles se sont données par amour, peu importe. Les faits
sont là : une bonne enceinte connaît une existence des plus

pénibles. Tout d'abord parce que, au moment où sa grossesse devient visible, elle risque d'être renvoyée. Aucune loi n'empêche un maître de chasser une domestique enceinte, même si elle est mariée. La mise à la porte signifie plusieurs mois de chômage en perspective : il est probable qu'enceinte, elle ne retrouvera pas à se placer.

Pour que sa grossesse ne se découvre pas, elle est prête à tout. Elle se serre jusqu'à s'étouffer, elle travaille jusqu'au dernier jour, puis, lorsqu'elle sent les douleurs, monte accoucher seule dans sa chambre du sixième. Il est étonnant de trouver, dans les rapports de la cour d'assises de la Seine (1885-1895), neuf cas de servantes qui, comme Adèle dans *Pot-Bouille*, ont accouché seules. Adèle abandonne sa fille dans la rue, ces neuf-là ont tué leurs enfants, mais c'est en fait le même geste : il faut se débarrasser, et vite, effacer les traces. Enfants coupés en morceaux, têtes qui ne passent pas par la lunette des w.c. : affreux détails, qui tous renvoient à la solitude terrorisée de ces filles.

Même si ses maîtres la gardent jusqu'au bout de sa grossesse, pour être sûre de retrouver sa place après son accouchement, la bonne devra payer une remplaçante. La maternité, pour une bonne célibataire, n'est donc qu'une suite de soucis, de dépenses, de douleurs, qui accentuent sa situation de solitude et d'insécurité.

Exister face aux maîtres

Les bonnes unissent-elles leurs solitudes ? Pour papoter et se réconforter, peut-être. Pour défendre leurs droits et leurs intérêts, très peu. Les syndicats de gens de maison qui marchent le mieux sont à peine réformistes. (Le seul syndicat « rouge » — Syndicat national des employés gens de maison — comptait seulement 797 adhérents en 1910.) Ils regroupent, comme la

Chambre syndicale ouvrière des gens de maison ou le Genêt, les maîtres et les serviteurs, et leurs organes de presse prônent plutôt la bonne entente entre les deux catégories d'adhérents qu'ils ne revendiquent de meilleures conditions de travail pour les domestiques. D'ailleurs le nombre de domestiques syndiquées était minime : 3 000, à Paris, en 1910, sur un ensemble de 170 000 — c'est-à-dire 1,7 pour 100.

Pas de conscience de classe chez les domestiques, donc. Pas de révolte non plus, ou si peu. On s'étonne même qu'elles ne commettent pas plus souvent forfaits, vols ou crimes, aux dépens de leurs maîtres. Les crimes sont très peu nombreux mais affolent l'opinion publique : qu'il s'agisse des crimes de 1885 (rue de Sèze) et 1886 (Villemomble) ou, plus près de nous, de celui des sœurs Papin, ils défraient la chronique. Chaque maître craint pour sa sécurité, chaque domestique devient un meurtrier en puissance.

Quant au vol domestique, il est un lieu commun du discours bourgeois : la bonne fait « danser l'anse du panier » en allant au marché, et de telles pratiques mènent à un coulage effréné puis à la débâcle... Tant de romans font état de ces menaces que l'on est étonné par ce qu'on arrive à saisir de la réalité. Devant la cour d'assises de la Seine, entre 1885 et 1895, comparaissent, dans plus de 1 000 affaires, seulement 21 domestiques femmes (soit 2 pour 100). Parmi elles, 9 sont accusées de vol au préjudice de leurs maîtres. Sommes d'argent importantes mais aussi objets hétéroclites : bottines et morceau de velours. En correctionnelle, si le vol est bien le premier chef d'accusation, il ne s'agit pas de vol au préjudice des maîtres mais de vol à l'étalage. En janvier 1900, pour 2 199 jugements, on dénombre 47 domestiques femmes (2 pour 100). 30 sont accusées de vol, une seule chez son maître, 17 à l'étalage. Dans les magasins, elles ont dérobé des vêtements, des babioles, parfois même un simple mouchoir.

C'est donc moins par la vraie révolte que les domestiques

manifestent leur mécontentement que par une mauvaise
humeur et une résistance quotidienne : elles font la sourde
oreille à l'appel de la sonnette ou se gardent les meilleurs morceaux à l'office. Contre l'oppression, elles se réfugient dans
l'aliénation. Elles trouvent un semblant d'être en se montrant
pointilleuses sur les codes. Ainsi Françoise chez Proust.
Qu'elle serve la tante Léonie à Combray ou les parents du narrateur à Paris, Françoise est très attachée à la situation sociale
de ses maîtres, à leur richesse et à la considération dont ils
jouissent. Elle attend d'eux qu'ils montrent qu'ils « ont de
quoi », en consommant force remèdes ou en organisant des
funérailles grandioses pour la personne de la famille qui
meurt. Elle a besoin de la mise en scène bourgeoise qui l'inclut
et dont elle tire un bénéfice symbolique.

Soucieuse de la gloire de ses maîtres, elle forme les autres
domestiques au respect. Mais les maîtres ont, de leur côté, le
devoir de veiller à leur propre gloire. Dérogent-ils ? elle fait
peser sur eux sa désapprobation et son mépris. Elle ne sup-
porte pas que la tante Léonie fasse l'aumône à Eulalie, une
« pas-grand-chose », ou que le narrateur invite Albertine —
une « tire-sous » — à dîner et lui offre des cadeaux. A fréquenter des inférieurs, on se déclasse. Au nom des codes bourgeois,
les domestiques jugent donc ceux qu'elles servent : elles tiennent aux valeurs établies, à la hiérarchie, et réprouvent les
maîtres qui ne s'y conforment pas.

Être domestique, c'est se placer à proximité des puissants.
L'attrait de la grande ville se confond d'ailleurs avec celui de
la classe dominante. Chacun, dans cette représentation verti-
cale de la société, a son inférieur. La femme de chambre
méprise la bonne à tout faire qui, à son tour, méprise la paysanne restée au village. Les domestiques aiment à penser
qu'elles ont bénéficié d'une promotion dans une société qu'en
conséquence elles ne veulent pas voir changer.

NOTES

1. Marcel Cusenier, *Les Domestiques en France*, Paris, 1912.
2. Octave Uzanne, *Parisiennes de ce temps*, Paris, 1910.
3. Caumery et Pinchon, *Bécassine mobilisée*, Paris, 1918.
4. Caumery et Pinchon, *L'Automobile de Bécassine*, Paris, 1927.

La prostituée

par Alain Corbin

Dans le Paris de l'Ancien Régime moribond, adolescentes convoitées, vierges vendues, filles abandonnées aux fantaisies débridées de l'homme, épouses et veuves vénales, proxénètes diligentes, maquerelles avides et cyniques s'agitent sur la scène d'un foisonnant théâtre prostitutionnel. Acteurs du jeu du désir, ces personnages traversent les *Nuits* de Restif, frappent l'œil exercé de Louis-Sébastien Mercier, alimentent les phantasmes sadiens. Après Thermidor, la vénalité se hissera même au niveau de la haute politique ; le sein découvert se fera symbole de contre-révolution. Trente ans après la dislocation de la fête impériale et la mort de Nana, les grandes horizontales de la Belle Époque ont remplacé lorettes et cocottes ; les filles de noce célébrées par la chanson réaliste se sont substituées aux grisettes. Depuis que Huysmans, les Goncourt, Zola et Maupassant ont remis le thème à la mode, jamais le roman n'a fait tant de place à la vénalité sexuelle. La duègne infatigable continue de promener dans le Paris des enfances céliniennes la fausse vierge, ses nattes ingénues et sa poupée de son.

Dès lors, la tentation est grande de rejeter la prostituée hors du champ de l'histoire de la femme. La sexualité vénale, imposée par l'homme, tissée de phantasmes masculins, figée dans ses formes immuables, ne concernerait que de façon très marginale l'évolution du destin féminin ; vouloir l'étudier, ne serait-ce pas manifester de la complaisance, prêter trop de valeur à des stéréotypes nés du refoulement plus que du vécu quotidien, risquer de privilégier abusivement l'imaginaire ? Et l'on voit poindre une subtile censure dont le but est de taire une partie de l'héritage sexuel de l'Occident, de faire oublier que, durant des siècles, le « fol amour » fut condamné et que, longtemps, la putain symbolisa, assuma la valeur érotique des relations de couple.

Comment un tel modèle de comportement, renforcé par la répression post-tridentine, a-t-il évolué au lendemain de la Révolution, alors que triomphe l'intimité et que s'exacerbe la lutte des classes ? Comment le siècle de l'industrialisation et des grands triomphes du capitalisme a-t-il plié la longue histoire de l'amour vénal ? Je bornerai ces quelques réflexions à ce que celui-ci présente alors de contingent, de transitoire, bref d'historique[1]. Tâche difficile puisque dans aucun autre domaine, les prismes du désir et du souvenir ne font que le vécu se trouve à ce point pétri d'imaginaire.

Voirie et hygiène sociale

La prostitution, « ce n'est qu'une affaire de voirie », s'écriait Gambetta à l'aube de la IIIe République. Le leader opportuniste résumait d'un mot une évidence : le destin de la femme publique s'est trouvé profondément affecté par l'ascension des théories et de la pratique hygiénistes ainsi que par la médicalisation de la société qui caractérisent ce temps.

Le premier XIXe siècle a l'obsession de l'ordure et de la putréfaction. Le peuple en liesse, les jours de Carnaval et de chie-en-lit, se complaît dans l'exaltation de l'excrément et célèbre les entrailles en fête ; les catéchismes poissards codifient la langue scatologique[2]. La jeune génération romantique éprouve au plus haut point la hantise de la décomposition des corps ; la phtisie fascine qui transformera en quelques heures la blancheur diaphane de la jeune fille en cadavre violacé. Michelet guette des jours durant les premiers signes de la putréfaction sur le visage de son épouse défunte ; les belles dames de la Corrèze se pressent au tribunal de Tulle où l'on va déboucher les bocaux empuantis qui renferment les entrailles du pauvre Lafarge.

Cette répulsion ambiguë à l'égard de l'ordure et de la matière organique en décomposition engendre les rêves bourgeois d'édilité. Les administrateurs, les hygiénistes, les médecins nourrissent l'utopie d'une ville saine et paisible, débarrassée de ses charognes et de ses excréments. L'héritage du néo-hippocratisme soucieux de la circulation de l'air et de l'eau, les aphorismes de la médecine infectionniste, le physiologisme de Broussais qui cautionne, plus tôt qu'on ne l'a dit [3], l'organicisme social, se combinent ; ils suscitent la grande attention portée à la physiologie urbaine de l'excrétion.

Or, aux yeux des édiles, la prostituée ne fait pas que symboliser, elle manifeste, elle incarne l'ordure morale. Elle encombre la voirie, elle pourrit les corps, elle pue. C'est en même temps et par une série de mesures dont la similitude est éclatante, que s'élabore la réglementation de la vidange, de l'équarrissage, de l'abattage et de la prostitution. Dans une perspective augustinienne, les réglementaristes tolèrent l'ordure puisque celle-ci manifeste le bon fonctionnement de l'organisme social ; mais ils font en sorte qu'elle demeure à la fois cachée au public et accessible au regard de l'administration. A dire vrai, le rêve des hygiénistes, et de Parent-Duchâtelet en particulier, serait d'assainir les cloaques eux-mêmes et, par un retournement copernicien, de rendre l'ordure productive. On sait combien le désir d'utiliser l'excrément a tenaillé les enquêteurs et les réformateurs sociaux de ce temps. La prostitution, pour sa part, ne devrait-elle pas se muer en instrument de pacification sociale et urbaine, désamorcer les forces explosives de la passion? Voilà l'augustinisme traditionnel adapté aux lois de la thermodynamique.

A partir du Consulat, s'élaborent progressivement des procédures de repérage et de surveillance qui ont pour but de créer des *filles soumises*. L'inscription administrative doit faire naître peu à peu une prostituée moralisée, saine, rempart de l'ordre sexuel. La fille soumise évitera l'excès, la turpitude, la provocation. Son hygiène, son comportement seront surveillés par la dame de maison, sa santé par le médecin des mœurs. Puisqu'elle remplit une fonction naturelle, il importe, pour elle, de s'y tenir. Il lui faudra pour cela abandonner les postures lubriques, le langage insolent et grossier, respecter ses supérieurs, se discipliner.

Tandis que les cloaques, les abattoirs et les équarrissages se transforment grâce à l'application des règlements, le bordel se mue en maison de tolérance. Celle-ci se devrait de rendre le client intact à sa famille et à la société, sans la déperdition qu'occasionne le plaisir excessif qui épuise, qui « énerve » et, bien entendu — mais cela n'est peut-être pas alors l'essentiel —, sans aucune maladie vénérienne. Dans l'esprit d'un Parent-Duchâtelet, la répression sexuelle doit se faire plus rigoureuse, la maison cesser d'être le lieu du plaisir pour devenir un simple exutoire physiologique. Autant que rêve anticipé du bordel prophylactique, c'est celui d'une sexualité socialement maîtrisée, apaisée, standardisée qui est caressé; une gestion du sexe calquée sur celle de l'excrément et de la charogne[4].

Utopie que tout cela, bien évidemment, malgré les références constantes à l'expérience; mais utopie qui a pesé lourdement sur le vécu quotidien des prostituées. Même s'il est vrai que d'incessants transferts brouillent les catégories, *filles soumises* et *prostituées clandestines* s'opposent désormais jusque dans le racolage. A moins de savoir gagner la complaisance des agents des mœurs, la fille des rues devra attirer le client sans contrevenir, ou bien se résigner à opérer dans l'ombre. La discipline triomphe dans les maisons. Le bordel se fait plus ordonné, le règlement intérieur plus rigoureux. La fille soumise a pris l'habitude d'obéir à madame, à la sous-maîtresse, au client. Elle sait qu'en cas de différend, les autorités prendront le parti de la tenancière.

La réglementation implique la coercition. En marge du code pénal, s'élabore, à Paris tout d'abord puis dans les principales villes de province, un subtil système de punitions administratives et d'hospitalisation obligatoire. La prison et l'infirmerie-prison vont vite devenir des horizons habituels, et non plus occasionnels, des étapes obligées inscrites dans l'itinéraire circulaire qui rythme désormais la vie des filles soumises. L'incarcération n'a plus pour but l'élimination ; on ne « transporte » plus les femmes publiques dans les colonies ; la prison ne doit pas non plus conduire au relèvement de la majorité des prostituées ; qui assumerait en effet leur indispensable fonction ? L'enfermement a pour mission d'entretenir la terreur, de constituer une menace permanente pour les clandestines apeurées et d'assurer, de ce fait, l'obéissance aux règlements.

Loin de s'atténuer, les anxiétés suscitées par la prostitution croissent avec le temps. La menace biologique incarnée par la femme vénale se fait plus précise. Durant la première moitié du siècle, la peur du mal vénérien n'entrait que comme composante dans le danger global d'infection représenté par les classes laborieuses ; la vérole, comme le choléra, n'était qu'élément d'une menace diffuse. Après 1878, il en ira autrement. Les découvertes pastoriennes, la mise en évidence du gonocoque et, plus tard, celle du tréponème, vont apporter la certitude de la contagion et en révéler les mécanismes.

Dans le même temps, la prostituée se trouve chargée de deux nouveaux fardeaux ; celle qui symbolise les tares de la féminité devient, pour une bonne moitié des neurologues tout au moins, le modèle de la femme malade de son sexe. Briquet en fait le prototype de l'hystérique, l'école d'anthropologie dominée par Lombroso définit l'amour vénal comme la forme spécifique de la criminalité féminine.

Mais il y a plus grave encore ; sourdement, une terrible angoisse commence d'étreindre le corps médical. Dans ce milieu, on acquiert peu à peu la conviction que la prostituée prépare ou plutôt accélère la destruction des classes bourgeoises. Ici s'entrecroisent la crainte de la régression et celle de la dégénérescence, les deux phantasmes majeurs de ce temps. La femme vénale est en effet présentée comme un modèle de régression ; telle la Vénus hottentote qui a passionné le pays, elle a du poil en abondance et de l'embonpoint. Incapable de fixer son attention, elle est, comme le sauvage, demeurée proche de l'enfance.

L'évolution complexe des théories de l'hérédité donne à penser aux vénéréologues les plus importants que la syphilis peut se transmettre sur deux, voire sur trois générations. A les croire, l' « hérédo » ne présente pas les formes de la maladie en nature mais une prédisposition diathésique ; celle-ci fait de lui un individu malingre, chétif, voué à toutes sortes de maux et condamné à une mort rapide. Contre cette hérédosyphilis devenue en quelque sorte la maladie essentielle, il n'est pas de rédemption [5]. La vérole facétieuse a même parfois la fantaisie de sauter une ou plusieurs générations. Les pères et les grands-pères vont désormais guetter chez leurs descendants l'apparition des stigmates de la faute ancienne.

Selon les spécialistes de ce temps, cette hérédosyphilis ne peut résulter que d'une hérédité de graine, c'est-à-dire qu'elle est spécifiquement d'origine paternelle. La mère « avariée » ne transmet au fœtus que la maladie en nature, beaucoup moins accablante. Dès lors, la menace qui pèse sur les classes dominantes, déjà obsédées par le déclin de la natalité, apparaît ter-

rifiante. Les prostituées, filles du peuple, risquent bien un jour
d'apporter quelques syphilis dans leur milieu ; mais, pour
l'heure, elles empoisonnent la descendance des bourgeois, que
l'on s'imagine, à tort, constituer la grande majorité de leur
clientèle.

Alors que la putain était naguère, ainsi que la vérole, un
sujet de plaisanterie gauloise qui témoignait de la liberté du
langage et des distances prises à l'égard du code des bonnes
manières, la voici qui suscite le cauchemar. Le *péril vénérien*
se propage dans les écoles et les casernes. Il engendre des
musées horrifiques. La responsabilité n'est plus individuelle ;
l'enfer s'est installé sur la terre pour les rejetons « pourris » de
l' « avarié ». La crainte du péché s'efface mais le remords à
l'égard de la descendance lui est substitué. Plus que jamais, il
importe de contenir, de surveiller, de punir la femme vénale
chez laquelle, bien souvent, la maladie vénérienne se double
d'alcoolisme ou de phtisie.

La sévérité est d'autant plus nécessaire que le bordel dépé-
rit, tout au moins dans la forme qu'avaient rêvée pour lui les
réglementaristes. Tandis que la clandestinité progresse, les
grandes maisons de tolérance se mettent à propager toutes ces
perversions que les spécialistes, de Binet à Krafft-Ebing, s'efforcent de dénombrer et de classer. En bref, la fille publique
risque de ravager tous les patrimoines dont le bourgeois pour-
suivait avec acharnement la création : la fortune, le capital
d'honneur, la lignée, le sang. Or, comble de malheur, elle en
vient à cristalliser, peut-être plus que jamais, le désir masculin ; la courtisane triomphe sur la scène, au Bois, au restaurant. Parallèlement à cette lecture hygiéniste et médicale du
destin de la prostituée, il en est d'autres, en effet, qui viennent
la contredire et prouver la complexité de cette histoire que l'on
dit, trop souvent, mélodique.

La fille publique, revanche de la femme ?

La sociabilité du XIX⁰ siècle est masculine. Dans la France
bourgeoise, les sociétés savantes, les cercles de toute nature
prolifèrent aux dépens des « sociétés » et des salons sur lesquels régnait la femme[6]. En Provence, les hommes désertent
les veillées pour se retrouver, entre eux, dans les
« chambrées ». L'ascension du rôle des cafés, des cabinets de
lecture et, plus encore, des cabarets témoigne de cette exclusion de la femme des lieux où la sociabilité s'épanouit. Les institutions traditionnelles où se côtoyaient garçons et filles, tels
les « cabinets » du Nord, dépérissent et disparaîtront dès le
Second Empire sous les imprécations du clergé[7]. Parler d'argent et de politique est affaire d'hommes. La création des
chambres de commerce, la diffusion de la presse d'opinion, le
suffrage universel et le tabac concourent à la relégation de la
femme. La modernité politique passe, pour l'heure, par la
ségrégation des sexes.

L'évolution entraîne, pour notre propos, des conséquences
inattendues. Entre hommes, on parle librement de la femme et
des femmes. L'esprit gaulois s'harmonise à la fumée de la pipe
et à la critique libérale du gouvernement. Ainsi s'instaure puis
se développe un climat dont profitent les prostituées. Assez
paradoxalement, du moins à première vue, la maison de tolérance s'affirme d'emblée comme un de ces lieux qui témoignent de la masculinisation des formes de sociabilité. La
soirée, entre hommes, chez les filles manifeste mieux que tout
le triomphe du mâle. La mixité s'y recrée à son profit, sans les
contraintes imposées par la retenue et la politesse des salons.
Avec les prostituées, finie la comédie de la subordination,
abolies les barrières du respect ; pas d'affectation ni de
mignardise mais le défoulement dans la gaieté et la verdeur du
langage.

Ici règne une sensualité sans contrainte, sans les simulacres de l'assaut, sans l'obligation du coït interrompu. Comportement tout au bénéfice de l'homme puisque la sexualité féminine se trouve maîtrisée, asservie par le rapport vénal. Fréquenter la maison, c'est aussi aller à la rencontre du peuple que l'on craint tout en affectant de le courtiser. Chez les filles se déroule un perpétuel carnaval qui désamorce les anxiétés dominantes du bourgeois : celles que lui inspirent le peuple et les femmes. La fille publique, la lorette, la grisette ou la serveuse de bar se trouvent ainsi projetées au cœur de la sociabilité bourgeoise par l'évolution même des formes de la vie publique.

Cependant, et ce n'est que l'autre face du processus, l'intimité du couple conjugal se resserre. Le naturalisme de la femme assigne celle-ci à la garde du foyer et à la maternité. Dans l'intérieur bourgeois, capitonné, une fois la domesticité reléguée au sixième étage, les sentiments conjugaux peuvent s'épanouir, à l'abri des tumultes de la ville. Chassée peu à peu de la vie publique, la femme se replie sur la chaleur intimiste du foyer, dans l'attente du mari qui, après l'avoir initiée, lui prodigue un plaisir maîtrisé, mesuré ; la jouissance excessive de la mère serait en effet scandaleuse. Le directeur de conscience saurait au besoin inviter l'épouse à la retenue, à la résignation, voire à l'abnégation.

Ainsi se dessine, pour l'homme, le double standard sexuel que les historiens anglais, notamment S. Marcus, P. Cominos et P. Fryer[8] qualifient de victorien. Cette interprétation de l'histoire du couple, à coup sûr trop schématique, a été violemment critiquée ; ainsi, Frances Finnegan[9] fait remarquer que l'épouse bourgeoise du XIXe siècle, prête à l'adultère, n'était pas l'oie blanche que l'on tendait à en faire et qu'inversement, la bourgeoisie ne constituait qu'une fraction très minoritaire de la clientèle des filles publiques ; ces misérables épaves auraient eu avant tout pour fonction de pallier les frustrations sexuelles des partenaires de leur classe. De telles critiques ont le mérite d'inviter à la prudence et de souligner que l'histoire des relations intimes reste à écrire. Tout compte fait, il est bien difficile en l'absence d'un quelconque rapport Hite, de se prononcer sur la fréquence et la qualité des orgasmes bourgeois au XIXe siècle. Il n'en reste pas moins que cette dissociation entre une sexualité apaisée, génitale, dirait Maurice Lobrot[10], et une activité érotique liée à la vénalité demeure pour nous l'essentiel car, comme nous le verrons, elle se révèle alors conquérante.

La propagation du modèle conjugal que, faute de mieux, nous appellerons bourgeois et le respect de la virginité des filles à marier rendent de plus en plus fréquente l'initiation sexuelle du jeune homme par une prostituée. Le mariage retardé des étudiants, des artistes, des militaires, des employés, des commis de boutique, incapables de se mettre « en ménage », gênés dans leurs entreprises de séduction par la réserve des filles qu'ils convoitent et par la sévérité de propriétaires et de portiers qui ne badinent pas sur le code moral, condamne ces tristes célibataires à l'amour vénal[11]. S'adresser à une fille publique les rebutera d'autant moins que, fils de petits-bourgeois pour la plupart, ils ont eu, dans leur plus jeune âge, l'habitude de confier à une femme du peuple le soin de leur corps et la satisfaction de leurs besoins physiologiques. La naissance du tourisme contribue à développer chez eux le recours aux prostituées. Voyager, observer les mœurs d'un pays étranger, se gaver d'exotisme, c'est aussi faire l'amour avec les femmes du cru. Un voyage en Orient qui ne serait pas pimenté d'érotisme ne saurait être réussi ; les lettres que Flaubert adresse d'Égypte à son ami Louis Bouilhet en témoignent clairement.

Prétendre que la maison de tolérance a servi d'exutoire, qu'elle a contribué à pallier ce que le foyer pouvait avoir d'étouffant est devenu, depuis la publication de *La Maison*

Tellier, un stéréotype que l'on ne saurait, d'ailleurs, remettre en question. Mais ce n'est pas la seule façon dont les progrès de l'intimité du couple ont pesé sur les conduites prostitutionnelles. Le client de la fille publique, modelé par le nouveau code familial, réclame que ses rapports avec sa partenaire s'inspirent du modèle conjugal qu'il tente de fuir mais dont il ne peut se dégager au point de bouleverser totalement son comportement. L'homme en rupture de foyer rêve de séduire une épouse fidèle. Pour réussir, la prostituée doit abandonner ses attitudes mécaniques, se donner les apparences d'une femme mariée ou, tout au moins, respectable. A la fin du siècle, la fille soumise est passée de mode, l'heure est venue de l'adultère vénal. La maison de rendez-vous dans laquelle la femme vient, en chapeau, se livrer, de quatre à sept, aux convoitises de la clientèle concurrence efficacement la maison de tolérance. Cette nouvelle prostitution brouille les cartes. La police elle-même s'y perd ; elle doit réviser ses méthodes et ses règlements ; son intransigeance faiblit, sauf en matière sanitaire.

Dans ce nouveau contexte, les viviers de la prostitution sont, plus que jamais, les milieux composés de jeunes femmes qui ont l'habitude des relations avec le public ou qui possèdent une bonne connaissance de la clientèle et des codes bourgeois : filles de boutique, vendeuses de grand magasin, serveuses de débit de boissons, domestiques ; auxquelles il convient d'ajouter, mais elles sont très minoritaires, les femmes célibataires non classées, incapables de se créer une position qui réponde à leurs ambitions : gouvernantes sans place, maîtresses de langues ou de piano sans clients, artistes sans cachet.

En revanche, les ouvrières qui racolent à la sortie de l'usine et font leur cinquième quart de journée paraissent moins nombreuses qu'au temps où Villermé dénonçait leur comportement. Cependant, la construction des cités patronales qui rejettent tous ceux qui refusent de se plier à leur discipline

sociale ainsi que l'afflux massif de travailleurs étrangers, italiens notamment, suscitent, durant les dernières décennies du
siècle, la création d'un sous-prolétariat; dans ce milieu, se
développent des formes particulièrement dramatiques de
sexualité vénale. La région frontalière, voisine du bassin de
Briey, constitue le meilleur exemple de ces espaces prostitu-
tionnels limités, à la fois conservatoires de conduites ar-
chaïques et laboratoires où s'élabore le comportement sexuel
des minorités raciales de notre vingtième siècle.

Diffusion sociale de la galanterie

Il est une autre lecture possible de l'histoire sociale de ce
temps. Les stratégies, les attitudes et les codes qui, initiale-
ment, étaient ceux de l'aristocratie sont avidement copiés. Ils
se diffusent par capillarité dans la bonne, puis dans la petite
bourgeoisie; ils atteignent même les catégories supérieures de
l'artisanat et de la boutique. Bien entendu, imitation signifie
ici dégradation ou, du moins, adaptation du modèle; en bref,
illusion sociale dans la poursuite de la distinction; mais tel
n'est pas le problème posé.

La grande cuisine de l'aristocratie engendre ainsi la gastro-
nomie bourgeoise[12]. Le rite de l'apéritif suscitera la mode du
pastis populaire. L'eau de Cologne appréciée de l'empereur,
imprégnera, à la fin du siècle, les cheveux des petits paysans.
Les toilettes des femmes du monde deviennent accessibles aux
épouses d'employés, abonnées aux journaux de mode et
clientes des grands magasins. La suite de réception des appartements haussmanniens, décorée par le tapissier, se calque, en
réduction, sur les salles de la grande demeure. Le cabinet
d'antiquités du cousin Pons reproduit, dans un espace restreint, l'accumulation symbolique des trésors artistiques des
châteaux[13]. La promenade bourgeoise le long des allées ou des

mails est un simulacre de la soirée d'été dans un parc. La
course à la décoration se fait obsédante jusque chez les bouti-
quiers. Pas de petite-bourgeoise de province qui n'ambitionne
d'avoir son jour, de faire pratiquer l'équitation à sa fille ; pas
de jeune homme de bonne famille qui ne caresse le rêve du
voyage en Orient, qui ne s'efforce de dérouler une interminable correspondance intime avec la maîtresse dont il se veut
l'esclave. Le notaire et l'épicier se battent en duel. Maurice
Agulhon a su montrer [14] comment, dans les gros bourgs du
Midi provençal, les idées démocratiques elles-mêmes s'étaient
diffusées de haut en bas de la pyramide sociale. On pourrait
multiplier à l'infini les exemples d'un tel processus de propagation des codes.

Il en fut de même pour la galanterie et pour la débauche ;
sans le replacer dans cette perspective, on comprendrait mal le
destin de la femme vénale. De nouvelles catégories de filles
publiques apparaissent, puis se développent, suscitées par le
même désir d'imitation. Les filles de brasseries se multiplient
dès la fin du Second Empire, rive gauche tout d'abord, puis
dans les grandes villes de province. Les chanteuses de cafés-
concerts, de « beuglants », de « bouibouis » populaires font
concurrence aux filles soumises. Le petit-bourgeois préfère
désormais les faveurs d'une cantatrice, dont ses amis pourront
venir admirer la voix et les charmes, à l'esclave nue du bordel.
Le troupier et l'ouvrier se révèlent davantage tentés par les
appas d'une serveuse de cabaret qui ménage l'illusion de la
séduction, que par les promesses de la clandestine des rues. A
la sortie du spectacle, la « fille de café » ou la « soupeuse » de
restaurant de nuit se veulent simulacres de la maîtresse aristocratique. Les jeunes bourgeois se groupent pour entretenir une
courtisane en commandite. L'adultère vénal lui-même tend à
se couler dans le moule de la liaison mondaine.

La diffusion du modèle se trouve facilitée par la prolifération de la petite bourgeoisie. Dans ce milieu, on entretient une

femme comme on prend une bonne; le plus économique est d'ailleurs de faire en sorte que la même fille remplisse les deux fonctions. La mutation du cadre urbain qui accompagne la prise de possession du centre des grandes villes par la bourgeoisie tranquillisée, facilite aussi la diffusion de ce type de conduites de séduction et de racolage. La rue désencombrée, les terrasses de café qui envahissent la chaussée, l'éclairage au gaz puis à l'électricité permettent à la prostituée de circuler inlassablement, de se donner au besoin des airs de femme du monde, d'entraîner le marcheur dans son sillage bruissant et de s'exhiber. La « clandestinité », qui mérite moins que jamais son vocable, triomphe ouvertement; dans les débits de boissons, libérés par la loi de 1880, la prostitution s'étale au grand jour.

La séduction quitte les espaces confinés — boudoir, loge, salon de la maison de tolérance — où le parfum pénétrant de la femme constituait un de ses plus sûrs atouts. Le primat du visuel accompagne le déclin relatif de l'olfaction. On ne respire plus tant le corps alangui; on subit la fascination des formes en mouvement; le désir devient cinétique. Et les prostituées le savent bien. Le bordel de quartier avec ses nudités prostrées et son odeur de poudre de riz fera vite figure d'archaïsme. La grande maison de tolérance, sans abandonner les parfums ventilés, sacrifie surtout à la vue; elle abrite des spectacles, elle se donne des allures de temple grec, de palais vénitien, de sérail turc. Les pensionnaires sont en représentation. La tenancière, devenue metteur en scène, multiplie les glaces et les éclairages électriques que les sexologues du temps accusent de détraquer l'équilibre nerveux du client, candidat au voyeurisme.

C'est ainsi que le désir et les fantasmes masculins modèlent le destin de la prostituée, fille au corps abdiqué, souvent dépossédée de son prénom. Si elle soigne son embonpoint, veille à la blancheur de son teint, dessine des veinules bleues

pour souligner la transparence de sa peau, c'est que cela correspond aux appétits de la clientèle. Si les tenancières des maisons à la mode déguisent leurs pensionnaires en mariées, en
religieuses, en bergères d'Arcadie, c'est qu'elles sentent bien
que négliger l'imaginaire serait se condamner à la ruine. A
l'historien d'en tirer les leçons.

Les chemins de l'évasion

Pour la prostituée, il est alors peu de chemins d'évasion et
bien peu de revanches possibles. La prédominance écrasante
de l'homme confère au malheur de la fille publique une intensité conjoncturelle. Il lui reste la gourmandise, le bal et la religion. Tels sont du moins les stéréotypes ressassés par les
enquêteurs du temps. A nous d'être prudents. La femme
vénale, répète-t-on, aime les liqueurs et les sucreries. Les
tenancières exploitent ce penchant pour imposer à leurs pensionnaires des dettes importantes qui en font de véritables
esclaves. La fille isolée et la clandestine subissent, relève-t-on
aussi, la fascination de la musique et de la danse. Lucie Pelle-
grin, l'héroïne de Paul Alexis, en mourra. Comme ce discours
prostitutionnel s'efforce d'assimiler la fille publique à l'enfant,
comme il tend à souligner son immaturité et la mobilité de son
esprit, on en vient vite à flairer l'exagération. Les témoins
notent encore que les prostituées sont friandes de romans, en
particulier de romans-feuilletons. N'était-ce pas en partie pour
déconsidérer un genre littéraire sévèrement proscrit par les
manuels d'hygiène de la jeune fille? Quant à l'intensité et à la
naïveté — bien sûr — du sentiment religieux chez la prostituée,
elles sont soulignées par tous les spécialistes des prisons de
femmes; reste à savoir si les sentiments manifestés dans un tel
milieu présentent tous les gages souhaitables de sincérité.
Les véritables revanches de la prostituée, il faut les cher-

cher ailleurs, dans des directions trop longtemps négligées ; c'est d'abord la dérision, le mépris du « miché », le langage entre soi, la violence verbale, le déchaînement de l'injure à l'égard du passant attardé mais dédaigneux ou de l'épouse du client assidu. Léon Bloy rapporte[15] que Barbey d'Aurevilly faillit ainsi être lynché par la foule que les vociférations d'une racoleuse avaient ameutée. Le livre de Parent-Duchâtelet renferme, sur ce type d'incidents, de significatives anecdotes.

La revanche, c'est aussi l'entôlage, parfois accompagné de sévices. Cette activité peut prendre les proportions d'une véritable industrie. Frances Finnegan montre, avec la plus grande précision, combien il était risqué pour le marchand de bétail, le benêt des campagnes voisines comme pour le bourgeois en mal de fugue sociale de s'engager dans les ruelles le long desquelles exerçaient les prostituées d'York. Ici, pas de solidarité de classe ; le client est toujours le « miché ». Il y a gros à parier que des études du même type, menées sur le quartier réservé de Marseille ou sur la rue des Étaques, à Lille, aboutiraient à des résultats similaires ; encore que la misère, la violence et la corruption semblent avoir été particulièrement intenses dans les quartiers noircis du centre de la ville anglaise.

La revanche — bien ambiguë, il est vrai — ce pourrait être enfin l'affection pour le souteneur, l'amant de cœur ou la femme aimée ; les tatouages en témoignent mieux que tous les développements stéréotypés consacrés à ce type de relations.

Reste à souligner le petit nombre de révoltes. La prostituée du XIXe siècle demande qu'on lui laisse exercer ses activités en toute tranquillité. Aussi tentera-t-elle souvent de résister par la force aux rafles organisées par les agents des mœurs. Mais pas de violences à l'intérieur de la maison de tolérance, pas de manifestations publiques ; à peine quelques pétitions dictées le plus souvent, semble-t-il, par des militants abolitionnistes. Pas de syndicalisation non plus, malgré les appels des libertaires ou de Paul Robin. Seule forme de révoltes collectives, les

troubles qui éclatent dans les hôpitaux où les filles malades
sont séquestrées, à Saint-Étienne et à Nancy par exemple. La
violence atteint en ces occasions une intensité significative. En
revanche, il faut attendre le début du xxᵉ siècle pour que de
véritables rébellions éclatent dans les prisons de prostituées.
Elles sont le fait des filles les plus jeunes et se rattachent au
vaste mouvement de contestation qui pose alors à l'opinion,
d'une manière urgente, le problème de l'adolescence incar-
cérée.

Cela prouve une nouvelle fois qu'il n'est pas possible d'isoler l'histoire de la prostituée de celle de son temps. A trop souligner l'incontestable marginalité de la femme vénale, on
risque en effet d'oublier que son destin est étroitement tribu-
taire des conditions socio-économiques et de l'évolution des
structures mentales. A l'inverse, il ne saurait être de véritable
histoire de la femme et de sa sexualité qui ne prenne en
compte celle de la fille publique. Les libertaires ne s'y étaient
pas trompés pour qui la ménagère, la bonne et la prostituée
dessinaient les trois modèles de l'asservissement féminin.
   Cela me conduit, pour terminer, à poser le problème, mal-
heureusement insoluble, de la durée de l'activité prostitution-
nelle. « Elles rentrent dans le monde », s'écriait avec terreur
Parent-Duchâtelet et, après lui, les principaux observateurs
bourgeois. Vision consolante aussi, violemment contestée par
un groupe d'historiens qui se plaisent à souligner la déchéance
des filles vieillies. En l'absence de travaux de démographie dif-
férentielle et de mobilité sociale véritablement probants, il
convient d'éviter ce dolorisme systématique afin de ne pas
renouer, en vertu d'autres a priori, avec le discours de ces
moralistes qui assuraient naguère que le péché de chair
déchaîne, dès cette terre, les manifestations de la colère divine.

NOTES

1. Pour le reste, cf. Alain Corbin, *Les Filles de noce*, Paris, Aubier, 1978.

2. Alain Faure, *Paris Carême prenant, du Carnaval à Paris au XIXe siècle*, Paris, Buchet-Chastel, 1978.

3. Judith Schlanger, *Les Métaphores de l'organisme*, Paris, Vrin, 1971.

4. Cf. Parent-Duchâtelet, *La Prostitution dans la ville de Paris*, textes choisis et présentés par A. Corbin. A paraître aux éd. du Seuil.

5. Cf. A. Corbin, « L'hérédosyphilis ou l'impossible rédemption », *Romantisme*. 1980, (à paraître), et « Le péril vénérien au début du siècle, prophylaxie sanitaire et prophylaxie morale », *L'Haleine des Faubourgs, Recherches*, 1977.

6. Maurice Agulhon, *Le Cercle dans la France bourgeoise*, Paris, A. Colin, 1977.

7. Y. M. Hilaire, *Une chrétienté au XIXe siècle ? La vie religieuse des populations du diocèse d'Arras (1840-1914)*, Presses universitaires de Lille, 1977.

8. S. Marcus, *The other Victorians*, Londres, 1971 ; P. Cominos, « Late victorian respectability and the social system », *International Review of social History*, 1963 ; P. Fryer, édition de W. Acton, *Prostitution*, Londres, 1968.

9. *Poverty and prostitution. A study of victorian prostitution in York*, Cambridge University Press, 1979.

10. *La Révolution sexuelle*, Paris, Payot, 1975.

11. Jean Borie, *Le Célibataire français*, Paris, Le Sagittaire, 1976.

12. Jean-Paul Aron, *Essai sur la sensibilité alimentaire à Paris, au XIXe siècle*, Paris, A. Colin, 1967, et *Le Mangeur au XIXe siècle*, Denoël, 1976.

13. De Biasi, « Système et déviance de la collection à l'époque romantique », *Romantisme*, 1980, 1.

14. *La République au Village*, nouvelle éd. Paris, Le Seuil, 1979.

15. « L'espion prussien », *Sueurs de sang*, nouvelle éd. Folio, 1967.

L'ouvrière

par Madeleine Rebérioux

Le XIXe siècle, siècle de l'ouvrière?

Le XIXe siècle, siècle de l'ouvrière?

« L'ouvrière, mot impie » : le cri d'indignation, presque de souffrance, poussé par Michelet, est resté célèbre. Pourtant le personnage de l'ouvrière ne sort pas, au XIXe siècle, du néant. Non seulement — paysannes, ménagères, voire boutiquières — les femmes travaillent en France depuis toujours et subissent bien souvent, sans la nommer, le poids de la « double journée », mais l'ouvrière elle-même, l'ouvrière authentique, celle qui de ses doigts produit des objets vendus par d'autres à leur profit, trime, elle aussi, depuis des siècles. Qui ne connaît la plainte des tisserandes médiévales, recueillie par Chrétien de Troyes aux environs de 1170?

> « *Toujours draps de soie tisserons*
> *Et n'en serons pas mieux vêtues...*
> *Car qui gagne dans sa semaine*
> *Vingt sous n'est mie hors de peine...*
> *Et nous sommes en grand misère*
> *Mais s'enrichit de nos salaires*
> *Celui pour qui nous travaillons...* »

Isolées, les Champenoises ? Allons donc ! L'ouvrière de l'Ancien Régime peine à la ville, mais surtout à la campagne, à Paris et en province. Elle a ses métiers réservés. On en compte une quinzaine à Paris dès le XIIIe siècle : des « faiseuses d'aumônières » aux « fileresses de soie » et aux « pigneresses de laine », autant de « métiers jurés » pratiqués exclusivement par des femmes et aussi rigoureusement délimités que ceux des hommes. Et voici en province les rubannières, les brodeuses et les passementières de Rouen, du Valenciennois et du Velay, trop heureuses quand une autorité régionale, tel le parlement de Toulouse en 1640, ne les voue pas à la ruine en leur interdisant leur métier, et surtout — le cas est à vrai dire plus fréquent — quand le chômage saisonnier ou les hausses brutales du pain ne placent pas hors de leur portée la subsistance quotidienne.

Les ouvrières du temps passé se multiplient du XVIe au XVIIIe siècle. De plus en plus, sans discrimination de sexe, elles pratiquent les mêmes métiers que les hommes. Les mêmes ? Pas tout à fait, nous y reviendrons. Mais enfin les chantiers de terrassement du XVIIIe siècle mêlent côte à côte hommes et femmes : elles en disparaîtront plus tard. Surtout, dans les industries textiles en plein essor, les deux sexes s'activent : le temps n'est pas encore venu où la molle étoffe va se féminiser presque entièrement, le métal et le bois réservant à l'homme leur dureté. La Flandre, la Picardie, la Normandie, deviennent dès le XVIIe siècle, en ville — ainsi dans le quartier Saint-Sauveur de Lille — ou dans les villages proches des villes — voyez ceux qui se pressent autour de Beauvais — des hauts lieux de la filature et du tissage de la laine. A Lyon, c'est la fabrique de soie urbaine qui va chercher en troupes dans les villages, tambour battant, les quelque sept mille « tireuses » décomptées pour l'année 1752. Dur travail : l'Hôtel-Dieu attend de bonne heure les filles qui s'épuisent « à la tire ».

Adolescentes, femmes mûres restées sans époux, veuves misérables, il arrive aux fileuses de Lille de louer à plusieurs une mansarde pour ne brûler qu'une chandelle et n'allumer au plein de l'hiver qu'un même maigre feu. Le plus souvent pourtant, c'est dans l'atelier familial qu'elles s'acharnent, jusqu'à seize ou dix-huit heures par jour quand, par chance, le travail abonde : fillettes, elles aident le père ; épouses, les voici auxiliaires de leur mari. La famille encadre alors le travail.

Ce type de travail féminin se maintiendra très longtemps : il y a quelques années des géographes l'ont retrouvé presque intact dans les monts de Roanne. En somme l'ouvrière, un bien ancien personnage. Pourquoi dès lors qualifier le XIXe siècle de « siècle de l'ouvrière » ? C'est qu'un phénomène tout à fait nouveau apparaît ; le coton et, avec le coton, ce textile révolutionnaire, la fabrique mue à la vapeur, la manufacture concentrée, si différente de l'ancienne fabrique lyonnaise éclatée en mille ateliers familiaux. Bientôt on dira : l'usine. Des usines, des fabriques, pas forcément énormes : cinquante à cent ouvriers et ouvrières c'est déjà quelque chose. Mais elles se multiplient et il faut bien les peupler. Les patrons puisent dans l'énorme réservoir rural et d'abord chez les femmes, véritables mains de cette première révolution industrielle. Des mouvements migratoires qu'on commence à mieux connaître les conduisent vers les villes, venant des villages proches où jusqu'alors battaient les métiers. Mulhouse, Amiens, Saint-Quentin s'industrialisent. En même temps de gros bourgs concentrent une main-d'œuvre féminine antérieurement éparse : près de Paris, à Essonnes, sept femmes actives sur dix travaillent en fabrique en 1836, pour une seulement dans la couture et une dans la domesticité. On constate des phénomènes du même ordre pour la laine et la soie qu'entraîne en quelque sorte la modernité du coton : au cours des années 1840 par exemple, les tout petits ateliers de la vallée du Rhône, où huit à dix moulineuses de soie travaillaient près de leur domicile,

sont remplacés par des ateliers plus concentrés, plus éloignés
des villages, où la vapeur actionne les nouvelles machines
devenues propriété du patron. Et partout on appelle les
femmes à la vie usinière.

Des chiffres? Il est très difficile d'en donner de sérieux,
entre ceux, très généraux, des recensements, et ceux, localisés
à l'extrême, des travaux d'érudits. Sur un million d'ouvriers
environ travaillant en 1847 dans les nouvelles filatures et les
nouveaux tissages, combien de femmes? La moitié peut-être.
En tout cas les voilà enrôlées de façon massive dans la population dite active, c'est-à-dire non rurale et excluant le travail
ménager : au recensement de 1866 elles en constituent
30 pour 100. Ce pourcentage va s'élever régulièrement
pour atteindre un sommet quarante ans plus tard, en 1906 :
37,7 pour 100, le chiffre le plus élevé de notre histoire. Il est
vrai que « population active » ne signifie pas seulement
ouvrière : les ouvrières d'usine en constituent pourtant le
quart et les travailleuses à domicile 36 pour 100. Ainsi les chiffres nous aident-ils à relativiser...

Porteurs de nuances, ils ne sauraient pourtant dissimuler
l'essentiel : le rôle des femmes dans le textile moderne de plus
en plus féminisé. Mais pas seulement dans le textile. Dès 1839,
une enquête révèle leur forte présence dans les industries ali-
mentaires — le sucre, les conserves — la quincaillerie, les
industries chimiques. En 1866 quelque deux cent mille
femmes travaillent hors du textile. Le siècle s'avançant, elles
pénètrent dans de nouvelles branches industrielles. Elles
règnent par exemple sur la fabrication des allumettes, sur les
tabacs, industrie d'État en plein essor dans la deuxième moitié
du siècle : en 1884 des manufactures très concentrées — plus
de mille emplois à Issy-les-Moulineaux, à Nantes, à Château-
roux — rassemblent quelque mille cigarières travaillant à plein
temps. Avec le caoutchouc et le papier, les femmes progressent
enfin dans les industries liées à la presse et à l'automobile, ces

gloires montantes. Bref, il existe bien une classe ouvrière féminine.

Faut-il s'étendre sur ses épouvantables conditions de vie? De Villermé au docteur Guépard, les enquêteurs sociaux du premier XIXe siècle les ont maintes fois retracées et Caroline Milhaud dans le petit livre *L'Ouvrière en France*, qu'elle a publié en 1906 en a montré la persistance ainsi que la faible efficacité d'une législation tardive : journées de travail interminables que ne peut couper ou aménager aucune décision personnelle; longueur des trajets, salaires de famine. Le texte de Villermé est célèbre où, décrivant en 1840 les travailleurs qui font chaque matin plusieurs lieues pour se rendre à la manufacture de Mulhouse, il évoque cette « multitude de femmes pâles, maigres, marchant pieds nus au milieu de la boue et qui, faute de parapluie, portent, renversé sur la tête lorsqu'il pleut, leur tablier ou leur jupon de dessus, pour se préserver la figure et le cou ». Mais, de façon à nos yeux curieuse, ces notations désespérées lui semblent relever de la normalité, de la fatalité. Le sort de l'ouvrière, cette victime principielle, avec l'enfant, de la triomphale industrialisation capitaliste, peut émouvoir, il ne choque pas : c'est ainsi.

Ouvrières et ouvriers

Serait-ce qu'ouvrières et ouvriers subiraient les mêmes coups et souffriraient sur un pied d'égalité? Il n'en est rien. Nous savons aujourd'hui, en grande partie grâce aux luttes des femmes et aux mouvements féministes qui ont aidé historiens et historiennes à se poser des questions plus pertinentes que par le passé, combien le statut des femmes à l'usine est non seulement différent mais discriminé, et nous parvenons même à en entrevoir certaines raisons.

Ouvrière, la femme, à la différence de l'homme, l'est rare-

ment toute sa vie. Non qu'elle épouse souvent ce prince char-
mant moderne, le fils du patron, mais, à la différence du travail masculin, le travail féminin à la manufacture est souvent
intermittent. Rythmé par les enfants, il se décompose en
périodes dont la femme, le plus souvent, n'a pas souhaité le
découpage. Un travail fragmentaire, éclaté, qui témoigne que
l'ouvrière n'est pas seulement ouvrière : femme aussi et mère.
Assurément les inégalités sont grandes, d'une branche professionnelle à une autre, et il faut les mettre en liaison avec la
diversité des conditions de travail. Dans le tabac et les allumettes, où le chômage est rare et les salaires relativement élevés, le travail est continu : maintes vieilles ouvrières sont
entrées petites filles à la manufacture et, même en cas de
famille nombreuse, n'ont pas voulu quitter ce milieu privilégié, où l'on s'efforce de faire embaucher ses proches parentes
et où la retraite attend celles qui ont su et pu persévérer. Dans
certaines branches textiles aussi — la filature surtout — on est
frappé par la relative constance du travail. C'est que les
salaires, non seulement des femmes mais des hommes, restent
si bas que si la jeune mère, chargée d'enfants, cessait de fréquenter l'usine, la famille entière, en tout cas ses membres les
plus fragiles, mourrait de faim. Louise Tilly a bien montré
comment, entre 1872 et 1906, à Roubaix, « le Manchester
français », comme à Anzin « la ville nègre », la nécessité maintient au travail de très nombreuses mères de très jeunes
enfants. Dans l'ensemble pourtant les « stratégies de travail »
des ouvrières étonnent par leur discontinuité. L'adolescente va
tôt à l'usine comme, dès le XVIIIᵉ siècle, les ourdisseuses de la
Fabrique lyonnaise. Il ne s'agit pas seulement de manger, ni
parfois d'aider la mère à faire bouillir la marmite, mais de se
constituer une petite dot qui permettra de se marier avec un
bon ouvrier, voire un cultivateur. Les ouvrières de l'internat
soyeux de Jujurieux, ouvert dans l'Ain en 1835, ont, selon
Louis Reybaud, bonne presse auprès des candidats au

mariage, car « l'épargne accumulée par leur travail représente
une somme plus forte que celle de leurs compagnes ».
Continueront-elles plus tard ? Si c'est le cas, elles essaient tout
au moins d'arrêter quand elles ont la responsabilité de petits
enfants qui exigent des soins de chaque instant, quitte à revenir ensuite à l'usine quand ils auront l'âge scolaire et à rester
chez elles définitivement lorsque le salaire des enfants subvien-
dra en partie aux besoins urgents : sous la IIIᵉ République ce
n'est guère avant onze ou douze ans, mais, pendant la première moitié du siècle, bien des enfants entraient à l'atelier à
cinq ans. La quarantaine atteinte, l'ouvrière devient donc souvent exclusivement ménagère, entièrement vouée à la reproduction de la force de travail de l'homme et des jeunes des
deux sexes.

Stratégie de travail, c'est un bien grand mot, par trop pom-
peux si on le compare à tant de situations d'une simplicité
biblique. Dans combien de cas, en effet, n'est-ce pas purement
et simplement le patron qui met à la porte les pauvrettes ? Dès
le début du xixᵉ siècle, Serge Chassagne a pu montrer que, à
la manufacture de Jouy, le groupe des femmes constitue un
volant de main-d'œuvre beaucoup plus facile à comprimer que
celui des hommes : elles sont 470 en 1805, 234 en 1808, 423
en 1811, 282 en 1813, 21 en 1814. En cas de crise conjoncturelle ou, plus banalement, de morte saison, c'est elles qu'on
renvoie les premières.

Un travail intermittent donc. Mais aussi, quand travail il y
a, une activité sous-payée. Tout le monde le sait : les patrons,
les ouvrières et même les hommes ouvriers. Les premiers
congrès ouvriers en débattent après la Commune. Quelques
chiffres : en 1872, selon les séries établies par les pru-
d'hommes, le salaire moyen industriel des femmes représente
moins de la moitié — 43 pour 100 — du salaire masculin, avec
bien sûr de fortes disparités selon les régions et les branches
professionnelles. Même à travail égal, le salaire n'est jamais le

même : en 1893, dans la Seine, une fabrique de chaussures
paye en moyenne 6 francs par jour un coupeur et 3 francs 25
une coupeuse ; une fabrique d'agrafes métalliques 5 francs 70
ses découpeurs et... 1 franc 50 ses découpeuses. Freinée par
tous ceux qui n'admettent que très difficilement la réalité du
travail féminin, l'égalité des salaires, si elle émerge de bonne
heure dans les congrès de la IIe Internationale, n'est guère
soutenue en France par les premiers syndicalistes. Jusqu'à la
fin du siècle au moins, presque tous perçoivent le salaire féminin comme un salaire d'appoint : n'est-ce pas à l'homme que
doit revenir le soin de nourrir « sa » famille ? Et, si la femme
est seule, peut-on imaginer qu'elle ait les mêmes besoins que
l'homme ? Sa nature plus délicate exige moins de nourriture et
moins substantielle ; elle n'a pas besoin de fumer et si elle fréquente le bistrot c'est au détriment de sa féminité... C'est si
vrai que lorsque le syndicalisme masculin se ralliera à l'exi-
gence « à travail égal, salaire égal », certains — et certaines, en
particulier les féministes — y verront simple prétexte pour
chasser les femmes de l'atelier.

C'est que le sous-paiement du travail de l'ouvrière est
presque toujours légitimé non seulement par l'essence de « la
femme », mais par sa sous-qualification. Il y aurait ici maintes
choses à dire et à écrire. Essayons pour le moment de nous en
tenir au niveau de l'apparente objectivité. C'est un fait, l'apprentissage traditionnel est fort rarement accessible aux
femmes. Dans certaines professions comme celles du livre, il
leur est même carrément interdit, malgré les efforts d'un des
pionniers de la Ire Internationale, Eugène Varlin. Quand
apprentissage il y a, quelques semaines suffisent, au mieux
deux ou trois mois. Certes, les exceptions ne manquent pas :
une cigarière se forme en deux ans et à l'internat soyeux de
Tarare l'apprentissage dure trois années entières : l'apprentie
doit se montrer soumise, plus qu'une autre ouvrière encore, et
son père, bonne vache à lait, s'engage, en cas de rupture de

contrat, à verser au maître un fort dédommagement. Mais, dans l'ensemble, lorsque l'apprentissage existe dans l'entreprise, il ne vise qu'une formation interne, non monnayable à l'extérieur. Pourtant le travail demandé aux femmes exige souvent une grande dextérité, une habileté manuelle hors pair. Est-ce ou n'est-ce pas de la qualification? Non, aux yeux des métiers masculins traditionnels fiers de leur antique compétence, et moins encore, car il leur faudrait payer, aux yeux des patrons qui pourtant savent parfaitement déclasser l'ouvrière devenue trop âgée pour la rapidité et la précision des gestes qui lui sont demandés.

Depuis quelques années enfin, les chercheurs ont mis l'accent sur les aspects disciplinaires du travail ouvrier. Au fil du XIXe siècle, la structure de l'encadrement tend en général à s'alourdir. Davantage de contremaîtres, de surveillants, le plus souvent haïs : davantage de règlements, et plus minutieux; une plus forte attention portée par les patrons, ou les ingénieurs, au contrôle qu'ils entendent exercer sur l'ouvrier : on surveille les horaires au sifflet ou à la cloche, on contrôle les rythmes du travail, on pourchasse la « flânerie », ce vice suprême, on s'efforce de mater les esprits et non seulement les corps. Or le travail des femmes est soumis à des contraintes plus fortes encore que celui des hommes, parfois à des contraintes spécifiques. Sans doute peut-on considérer comme exceptionnel le cas des ouvroirs parisiens tenus par les sœurs sous la responsabilité de l'Église : le dressage corporel et moral qu'y subissent de futures ouvrières généralement orphelines ou pupilles de l'Assistance, est inlassablement dénoncé par les ouvriers de la capitale, fort anticléricaux il est vrai. Mais dans les internats soyeux du Sud-Est, où les jeunes paysannes sont littéralement enfermées jusqu'à leur majorité, les « bonnes sœurs » qu'on y retrouve répercutent cette fois non les consignes de l'archevêché mais celles du patronat. A l'atelier d'ailleurs, le contremaître les double, ou la contremaîtresse. On

impose à ces jeunes filles, pendant toute la semaine, le silence
total qui sied à la modestie du sexe, non seulement pendant les
heures de travail, mais pendant les repas et jusqu'au dortoir.
Dieu est invité à participer à l'œuvre disciplinaire. On retrouvera la même orientation à la fin des années 1880 dans les
manufactures du Nord dont les patrons adhèrent à la con-
frérie Notre-Dame de l'Usine. A l'autre bout de la chaîne
ouvrière on pourrait attendre des manufactures de tabac, dont
j'ai évoqué plus haut les « avantages », une surveillance moins
rigide. La référence religieuse a certes disparu de ces entreprises qui dépendent de l'État, et les règlements intérieurs y
interdisent les amendes pour retard ou indiscipline. Ils n'en
sont pas moins, comme l'a montré Marie-Hélène Zylberberg,
exceptionnellement tatillons. On y prévoit toutes les situations
conflictuelles possibles et un encadrement particulièrement
dense est mis en place pour y veiller. Ces petits chefs mépri-
sent le personnel féminin. Selon eux, il n'a que faire à l'usine
où les bons ouvriers devraient se retrouver entre eux. Attitude
fort répandue jusque chez les militants, combien davantage
chez ceux qui sont passés de l'autre côté de la barrière ! La
vocation de la femme ce n'est pas l'usine, ce lieu de débauche,
c'est, ils en sont convaincus, la famille.

Tant de spécificités discriminatoires renvoient sans doute à
la fois aux phantasmes masculins et aux fortes traditions familiales de la culture populaire française, à l'horreur aussi que
l'usine inspire à ceux, hommes et femmes, qui y travaillent ou
sont menacés d'y travailler et en particulier aux ouvriers qualifiés des anciens métiers. Mais cette analyse reste un peu
courte ou plutôt, même en la sophistiquant, on laisse de côté
tout un volet explicatif. La femme ouvrière, en effet, ne le
devient ni de son propre gré ni de celui des hommes ouvriers.
Ce n'est pas innocemment ou par mégarde que tant de chaînes
la ligotent. On peut parler ici, à meilleur droit que tout à
l'heure, de stratégies patronales. Il s'agit d'une véritable mise

en concurrence des femmes avec les hommes, d'une volonté systématique de remplacer les ouvriers qualifiés, râleurs, revendicatifs et indisciplinés, par des femmes prêtes à accepter, tant la nécessité les pousse, n'importe quel salaire, et formées dans l'espace familial à l'obéissance, dès leur petite enfance. Qu'elles soient moins compétentes, d'accord, le risque existe, mais justement la machine y pare, dont l'entrée sur la scène usinière ne peut se séparer de l'accès autonome des femmes à l'industrie moderne. Non que les ouvrières aient vu avec joie les premières mécaniques : elles ont protesté au contraire contre ces objets destructeurs d'un mode de production domestique qui leur permettait de faire face doublement à l'entretien de leur famille. Mais les patrons ne cachent pas leur jeu. Écoutons Charles Dupin, un industrialiste célèbre. Dès 1827 il écrit dans *Les Forces productives et commerciales de la France* : « Par des instructions sagement combinées on peut répandre chez le sexe faible des connaissances et des talents qui créeront la concurrence la plus avantageuse entre le travail de l'homme et celui de la femme. » On a étudié ces mécanismes à propos du Livre, branche professionnelle si hostile au travail féminin que jusqu'en 1910 officiellement — et en fait jusqu'en 1919 — le syndicat C.G.T. refusait de syndiquer les typotes. Lorsqu'en 1895 arrivent en France les premières machines à composer, les linotypes, les grosses boîtes de la région parisienne font appel aux femmes pour les conduire et il faut la puissance du syndicat pour élaborer la résistance à cette offensive. Au tournant du siècle, Madeleine Guilbert a répertorié maints autres cas, dans les cuirs et peaux, le tissage et même les métaux. Sous-payées, et sur-surveillées, les femmes qui n'ont pas acquis la qualification traditionnelle sont sans nul doute, aux yeux du patronat, les meilleurs ouvriers : il y a là une des racines de l'antiféminisme ouvrier, un outil en tout cas pour le juger à une aune non exclusivement idéologique.

L'ouvrière résiste

Passives alors, ces femmes ouvrières ? Disposées, comme le disent parfois les militants du sexe fort, à tout subir ? Sans honneur au point, selon certains leaders du Livre, qu'elles déqualifient, sur ce terrain tout moral, les maisons qui les emploient ? Il y a loin de ce sombre tableau à la réalité, mais il est vrai que les formes de résistance des ouvrières aux réseaux des multiples pouvoirs, aux inégalités criantes qui s'abattent sur elles ne sont pas faciles à repérer. Quelques points se dégagent cependant.

Première ligne de force : le double et permanent statut féminin. Petite fille, l'ouvrière aidait ses parents et, devenue adulte, il lui arrivera de se plaindre d'avoir, enfant, été sacrifiée à ses frères, de n'avoir pas pu suivre régulièrement l'école. Femme faite, elle devient l'épouse de l'ouvrier. Plus elle vieillit, nous l'avons vu, plus l'emporte en elle cet état de ménagère. Aussi garde-t-elle des crises de subsistance de l'Ancien Régime, l'habitude d'intervenir activement sur le terrain de la consommation, de défendre le pouvoir d'achat de la famille. D'où sa présence, au début du siècle, dans les manifestations où l'émeute de subsistance se mêle à la révolte contre les machines, au luddisme. On retrouve les femmes en 1847 lors des troubles exemplaires de Buzançais, dans l'Indre et, à nouveau, quelque quarante ans plus tard, en mars 1883, quand, au cœur de la crise économique, l'une d'entre elles, Louise Michel, prend la tête de rudes manifestations parisiennes où quelques boulangeries sont mises à mal. A la veille de la Grande Guerre encore, en pleine croissance cette fois, une brutale poussée de vie chère, d'ampleur internationale, les jette sur les marchés en 1911, et conduit la C.G.T. à réfléchir aux moyens d'encadrer la force subversive des ménagères.

Ménagères donc, mais aussi productrices, et hantées, au mi-

lieu du siècle, par le désir de solidarité. Les femmes ouvrières
ont participé en 1848 au culte pour l'association qui culmi-
nera quelques années plus tard dans toute la classe ouvrière et
dont on entendra les échos à travers les flonflons de l'Exposition internationale de 1867. Par là passe le salut de l'humanité. Au lendemain des journées de juin, les ex-saint-
simoniennes, les ex-fouriéristes qui ont ensemble, pendant
quelques semaines, rédigé *La Voix des femmes*, s'engagent
dans la voie des réalisations pratiques. En tête l'étonnante
Jeanne Deroin, qui prêche avec une religiosité quasi mystique
la création d'une « Fédération fraternelle et solidaire des associations de production ». Les lingères, les blanchisseuses s'activent. Au même moment, à Lyon, s'organisent « Les Fourmis
réunies », un groupe de couturières. Aux dirigeantes parisiennes, leur projet vaudra six mois de prison. « Ô peuple,
écrira Hugo, trois ans plus tard, leur forfait c'est de t'avoir
aimé. »

L'association de production : un beau rêve donc, un rêve de
femmes souvent isolées dans leur travail, désireuses de mettre
en commun leurs ressources et leurs activités pour subvenir à
leur vie, à leur santé, à la garde des enfants. Une sortie de solitude. Mais une solution obscure pour celles qui ne possèdent
rien, qui triment à l'usine. Elles aussi pourtant vont résister.
La grève? Elles ne l'ignorent pas. Mais, comme Michelle Perrot l'a montré, elles la pratiquent moins que les hommes, tout
au moins pendant les quelque vingt années qui vont de la
Commune à l'émergence du socialisme comme force politique.
Les grèves les plus célèbres — ainsi celles des odalistes de Lyon
en 1869 — ne doivent pas masquer la réalité moyenne, plus
terne. Moins de 6 pour 100 de grèves purement féminines, ce
n'est guère. Il n'est pas facile, il est vrai, d'être gréviste : aux
yeux de ce qu'on appelle l'opinion, si une ouvrière est déjà à
peine une femme, que penser d'une ouvrière en grève? Elle
suscite l'ironie quand ce n'est pas l'obscénité. Comment

s'étonner dès lors si, pendant ces années, elles se révèlent souvent assez légalistes — sauf lorsqu'elles participent à des luttes mixtes — et plutôt soucieuses de ne pas se faire mal voir des autorités ? Mais, quand toutes les ressources de la patience ont été épuisées, vient la rupture, la fuite dans les rues de la ville, loin du travail et de l'usine close de murs, l'échappée belle. Avec les années, elles s'enhardiront. Lucie Baud, qui a conduit la grève des tisseuses de soie de Vizille et de Voiron, lors de la montée nationale des luttes, en 1905, nous a raconté ce réveil d'ouvrières dont, pendant dix ans, le patron inlassablement baissait les salaires. Les sardinières de Douarnenez, les ouvrières de la sucrerie Lebaudy ont mieux forcé le silence de la presse nationale que les piqueuses de chaussures de Fougères, si régulièrement combatives. Quant aux allumettières, aux cigarières, elles ont su conduire dès la fin du XIXe siècle de grandes grèves pour leur salaire et leur santé, plus encore contre la rigide discipline de l'atelier.

Elles sont, il est vrai, bien plus fortement syndiquées que les autres ouvrières, ces Carmen françaises. De même Lucie, la syndicaliste révolutionnaire, méfiante devant la direction guesdiste de sa Fédération. On doit bien constater en effet, avec l'Office du Travail, que l'ouvrière ne se syndique que rarement : manque de disponibilité assurément ; vision d'elle-même qui ne lui permet guère de se concevoir durablement en militante ; difficulté à pénétrer dans le monde masculin des syndicats, souvent animé par des ouvriers qualifiés plus ou moins hostiles. Bref, même non chargée d'enfants, l'ouvrière reste souvent seule avec ses rêves, son attente mélancolique dont témoigneront, au début du XXe siècle, les beaux romans de Marguerite Audoux, sa capacité aussi à prendre vivement feu et flamme. Et les formes que revêt sa résistance se plient mal aux règles des organisations.

En l'évoquant, on se prend à dessiner les traits moins d'une idéologie que d'une culture ouvrière féminine, lisible dans les

actes plus que dans les textes — hormis les « femmes prolétaires saint-simoniennes », nous n'en avons gardé que de raris-
simes témoignages —, une culture originale à l'intérieur de la
culture ouvrière commune, comme de la culture féminine. Il
est vrai que ces concepts font problème : mieux vaudrait sans
doute parler de traits culturels assez dispersés, pas toujours
cohérents, que de culture, dans la mesure où le terme évoque
une sorte de globalité. Laissons ces prudences, pourtant néces-
saires.

C'est en temps de grève qu'il est le moins malaisé de cerner
des pratiques proprement féminines. Ardentes à chanter et à
défiler, drapeau rouge au vent — la proportion de manifestations est plus forte entre 1871 et 1890 dans les coalitions proprement féminines —, adeptes du charivari et du concert de
casseroles sous les fenêtres du maître, elles aiment tout particulièrement la danse, les plus jeunes surtout : les premiers
jours sans travail permettent au corps, enfin délivré des
longues contraintes de la machine, de s'en donner à cœur joie.
La gaieté de ces grèves de jeunes femmes frappe les journalistes, habitués chez les hommes à plus d'austérité, voire de
colère. Aux femmes plus mûres, les grèves offrent souvent l'occasion de sorties familiales : à la campagne, on le note au
cours des nombreuses luttes des chaussonniers de Fougères ;
voire en salle : non pas à Paris où les préoccupations corpora-
tives marquent fortement des assemblées très masculines, mais
en province, dans le textile surtout, où épouses et enfants fré-
quentent alors les réunions publiques. De telles habitudes soulignent une fois de plus la place capitale de la vie de famille
chez les ouvrières.

Voici maintenant les soupes ou marmites communistes,
occasions pour d'autres fonctions féminines de se manifester.
Même si leur nom remonte à la société fondée en 1865 par
Nathalie Le Mel, les « marmites » ne se développent guère
avant le tournant du siècle : Vizille, Fougères, Mazamet.

Lucie Baud raconte comment les petits commerçants de Vizille, d'abord hostiles, finissent par alimenter en pommes de terre, légumes et pain les fourneaux qui chauffent pendant cent quatre jours pour les deux cents grévistes et leurs enfants. A Fougères, au long de l'interminable grève de 1907, celle qui voit le premier grand exode d'enfants, le nombre des marmites passe de vingt en novembre à trente en décembre : 4 000 à 5 000 soupes par jour. A Mazamet, en février 1909, les marmites s'installent à la Bourse du Travail grâce aux dons en argent et en nature auxquels s'associent les paysans et les coopératives viticoles. Ne nous imaginons pas les ouvrières fixées, à ce nouveau fourneau, dans un rôle traditionnel de cuisinières. Les hommes s'y mettent autant qu'elles. Organisatrices, et souvent initiatrices, les femmes, elles, font la quête chez les commerçants, voire, à Fougères, dans la rue, au nom de cette solidarité du monde du travail dont elles entendent être les porte-parole.

Au cours de ces quêtes, les ouvrières n'hésitent pas devant l'insulte, quand le bourgeois contacté renâcle. La parole n'est-elle pas une de leurs armes ? Pas forcément la parole de grève. Pas seulement la parole de résistance aux ordres jugés grossiers du contremaître. Non, la parole entre soi. Conquérir le droit de parler en travaillant, quel objectif ! Les ouvrières des tabacs l'ont atteint dès le début des années 1890, sous condition, bien sûr, d'éviter le bruit. Une fois de plus elles sont l'exception, tout au moins dans les grandes entreprises. Mais songeons à ces innombrables « ateliers de Marie-Claire » : on y plaisante le matin à l'arrivée, et le doux plaisir de bavarder pour rien et de rien, même dans la journée, fait partie de la vie quotidienne ; son interdiction aide, autant peut-être que les bas salaires, à définir le profil des « mauvaises boîtes ». Un autre haut lieu de ces causeries féminines : le lavoir, où ménagères et blanchisseuses professionnelles se parlent et se chahutent, échangent leurs violences parfois — ainsi dans

L'Assommoir — et parfois leurs pensées. Ces échanges renvoient assurément à la vie quotidienne de l'épouse puis de la jeune fille autant qu'à celle de l'ouvrière. Mais qu'il est malaisé de les séparer ! Quelle part y tiennent les prêts de vaisselle ou de rubans, la santé de la famille, les informations aussi sur la bonne méthode ou la bonne adresse grâce auxquelles on parviendra à « faire passer » un bébé non désiré ? Aux yeux des ouvrières, l'avortement, naturellement clandestin, fait partie de la condition féminine. Pour l'organiser, ce n'est pas aux hommes qu'on va demander conseil. On s'arrange entre soi et l'atelier, autant que la rue, aide à « s'en sortir ».

A la « faiblesse » féminine, ce slogan, se surajoutent en somme d'autres pratiques, éléments d'une culture partiellement autre. Du côté des militants, c'est parfois la découverte. Au début du XXᵉ siècle, si les dirigeants des Fédérations ouvrières restent, sauf exception, assez peu sensibles aux problèmes des femmes, leur ténacité fait l'objet d'éloges, étonnés, des responsables de la Confédération générale du Travail. Des militants aussi différents que Yvetot, Pouget, ou Griffuelhes commencent à se dire que cette faiblesse voile peut-être une sorte de force, et à s'interroger sur ses origines.

Avec le XXᵉ siècle, du nouveau ?

Ce phénomène, fort neuf, n'est pas le seul à travers lequel on puisse lire l'avènement du XXᵉ siècle. Les faits de structure, les faits sociaux et culturels ne bougent en effet que lentement. Les transformations se cumulent puis, brusquement, un révélateur les met à jour. Mais quand il n'y a pas de révélateur ? Quand l'ouvrière, par exemple, n'est pas à l'usine ?

Arrêtons-nous un instant sur le travail à domicile. J'en ai évoqué les structures familiales avant la révolution industrielle et noté la longue persistance, significative à la fois des

archaïsmes de l'appareil français de production et des résistances du monde du travail à l'usine. Mais voici, dès le dernier
tiers du XIXe siècle, qu'il réapparaît, dans les grandes villes,
sous une forme entièrement nouvelle. Il renaît avec la machine
à coudre, cette « couturière de fer » et avec l'extrême division
du travail dont maints entrepreneurs — et pas seulement dans
le textile : qu'on songe à « la fleur », à « la plume », au jouet
— ont découvert les potentialités. A l'usine on assure le mon-
tage, à la maison l'ouvrière pique les cols ou les manches. L'industriel économise les frais généraux, l'ouvrière, heureuse souvent de rester chez elle et de s'occuper de son ménage, accepte
volontiers les dix-huit heures de travail par jour que la loi et
elle-même refuseraient, en cette fin de siècle, à l'atelier. La
Singer arrive en France à la fin du Second Empire et son essor
généralise un « sweating system » beaucoup plus dur à l'ouvrière que l'ancienne exploitation familiale. Le travail en
usine n'avait certes pas libéré la femme, le retour à la maison
engendré par la machine à coudre l'asservit davantage. Tant
est contradictoire l'odyssée du progrès et incertaine la voie de
la technique.

Sur trois points cependant apparaissent, dès avant la
Grande Guerre, des changements d'importance qu'il est difficile de ne pas connoter positivement. L'une après l'autre
d'abord, les professions les plus réticentes cèdent devant la
double pression de femmes en quête de travail et d'un patronat qui, malgré l'afflux des nouveaux migrants italiens, a du
mal à trouver, dans une France démographiquement anémiée,
la main-d'œuvre nécessaire aux élans de la croissance. Le
mouvement est irréversible, les chiffres de l'après-guerre le
confirmeront. Le grand fait nouveau d'ailleurs se situe aux
franges de l'industrie, dans les métiers tertiaires du secréta-
riat, longtemps réservés, voyez Courteline, aux manches de
lustrine masculines, et où l'arrivée de la machine à écrire
marque l'irruption des femmes. A la différence de la Singer, la

machine ici socialise comme, un siècle plus tôt, dans les filatures. Et, comme dans les filatures toujours, la femme arrive
quand une « belle main » cesse d'être nécessaire pour produire
les écritures bureaucratiques, quand le travail est déqualifié.
L'inégalité reste reine jusque dans la croissante égalité.

Si elle a quelque peu diminué au plan des salaires — mais
combien peu! en 1911 les ouvrières ne gagnent encore, en
moyenne, que 47 pour 100 de ce que touchent les hommes —
l'inégalité peut aussi se dissimuler jusque dans les lois dites
protectrices, d'ailleurs si rares. La plus visée, la seule à vrai
dire, fixe certes, en 1892, à la journée de travail des femmes en
usine, une durée maximale de dix heures, mais, inspirée en
partie par des hygiénistes, elle leur interdit le travail de nuit,
le mieux rémunéré dans certaines professions. Ce sera l'occasion de mouvements revendicatifs appuyés par les féministes
bourgeoises, très hostiles aux pièges de la législation protectrice.

Qui peut donc parler au nom des ouvrières sans les trahir?
Le changement fondamental qui s'esquisse au début du xxe
siècle vise leur rapport au syndicalisme. Les premiers syndicats délibérément féminins, syndicats les plus souvent « de
l'aiguille », traduisent mieux que les syndicats « féministes »,
généralement animés par des patronnes — ainsi Marguerite
Durand — la méfiance réciproque des femmes ouvrières et du
syndicalisme rouge. Méfiance née non du féminisme ouvrier —
en France il n'existe pas — mais de l'accumulation des différences de statut et de mentalité entre ouvriers et ouvrières, et
des caractères mêmes qui firent par ailleurs la richesse du syndicalisme français : son enracinement dans les vieux métiers,
en particulier. La voilà qui recule, légèrement : les intellectuelles révolutionnaires et féministes, institutrices comme
Marie Guillot, journalistes comme Marcelle Capy, qui s'engagent dans le militantisme confédéré, y sont pour beaucoup.
Mais aussi la croissance des grèves de femmes, leur participa-

tion à l'ensemble des luttes ouvrières, et, avec la guerre, aux luttes politiques essentielles. Contraint de se frotter à la réalité, le vieux discours syndicaliste antiféministe s'use et se teinte de grisaille. Est-ce à dire que la condition féminine soit enfin analysée? N'allons pas si vite. En 1914, la voie est loin d'être ouverte qui permettra aux ouvriers et aux ouvrières, dans leur masse, de travailler, de lutter, de vivre ensemble dans l'égalité, et la jonction de ces deux mouvements sociaux, le syndicalisme et le féminisme, n'est même pas commencée.

Les médecins et les femmes

par Jean-Pierre Peter

Qu'on pardonne ces généralisations. Traiter des femmes, parler de *la* femme, c'est gommer par centaines des visages tout originaux, c'est noyer le particulier dans les formes moyennes.

Cette vue d'ensemble a cependant ses vertus de commodité. Elle plante le décor. Et pour la mise au point rapide qu'il y a lieu de donner ici, ce décor convient. Surtout, il se trouve que la réduction des femmes à leur type — la femme — n'a jamais cessé d'être un élément de la pensée de ceux (des hommes pour la plupart) qui ont eu affaire avec l'ensemble si varié, si riche et si déconcertant pour eux des femmes réelles, vivantes, individuelles. Car des femmes, on s'est formé ainsi, d'âge en âge, une représentation globale, un schéma théorique. Et ces modules mentaux ont eu une existence, donc une influence mesurable — une histoire. D'où l'intérêt de les examiner, et de considérer aussi ceux qui les ont produits. Ainsi des médecins, ou, dirais-je plutôt (en reployant sur eux cette puissance de la catégorisation dont les médecins ont tant usé envers autrui), ainsi *du* médecin.

Le médecin, en effet, a tenu dans la société française, depuis près de deux siècles, un rôle grandissant, vite éminent, à mesure même qu'il a réussi peu à peu à incarner une figure crédible de père savant, dévoué et infaillible, imposant progressivement les normes médicales de la vie saine, et assumant enfin une fonction spéciale de surveillance sociale et morale. Quelle femme pouvait manquer d'avoir affaire avec lui — d'entrer dans sa zone d'activité et d'intérêts, et pour son plus grand bénéfice *à lui*?

C'est que la femme était pour la médecine comme un univers à conquérir. Et d'abord à connaître, à découvrir. Univers étonnant, déconcertant, plein de pièges et de surprises. Mais univers incontournable. Car à toute question sur la nature humaine, question que la médecine a normalement pour fonction de poser et d'éclairer, donc à toute interrogation : « *Qu'est-ce que l'homme ?* », s'en ajoute en effet et se substitue une autre, très urticante : « *Qu'est-ce alors que la femme ?* »

C'est ainsi que la théorie médicale n'a pas cessé d'être concernée par la question des femmes. Dans la médecine des Lumières, par exemple, qui se prolonge jusqu'au tournant du siècle, la conception qu'on proposait de la femme incluait une part avouée d'incertitude, mais d'incertitude, si j'ose dire, claire et commode. La femme est un mystère — et avec cela, on peut faire. Dans le siècle suivant, les choses sont allées moins bien, et ce m'est une raison pour m'attarder d'abord sur la période précédente[1].

Les femmes dans la médecine des Lumières

Ce qui frappe le plus, quand on considère l'état des choses dans la seconde moitié du XVIIIe siècle, soit à partir du grand traité de Pierre Roussel, *Du système physique et moral de la femme* (Paris, 1775), qui a fait la synthèse des idées qui couraient et servit de principale référence ensuite, de manuel en quelque sorte, ce qui frappe donc, c'est que la femme y est donnée comme un envers de l'homme — de l'homme au mas-

culin, s'entend. Tout en elle renvoie à son sexe et s'identifie à
lui. La femme, au physique, est utérus. Au moral, elle tient ses
traits et ses vertus comme ses abîmes, de ce qui en elle est
centre de gravité ; au moral donc, encore, elle est femme :
toute sensibilité et pudeur, comme ses organes, mais orageuse
à l'occasion comme ils le sont. Enfin la femme dans la société,
c'est une mère. Tels sont les plans où s'énonce l'affirmation
d'une totale spécificité de la femme.

De là dérive que tout ce qui touche aux maladies des
femmes s'entend comme l'expression même de leur nature de
femmes. En tant qu'elles sont femmes, elles sont malades. A ce
niveau théorique, en fait un pur système idéologique, tout
paraît être clair — et tout l'est. Le discours se clôt en cercle. La
lourde cavalerie des traités de médecine a tout uniment aimé
cette rigueur d'équation : femme, donc malade ; et malade
parce que femme.

Mais, dans le théâtre quotidien des contacts réels et con-
crets des médecins avec les femmes, soit avec les femmes des
villes tout embarrassées des malaises que la « civilisation » ne
peut manquer d'induire dans ces natures sensibles, soit plus
encore avec les femmes de la campagne (ces femmes un peu
sauvages, étrangères à l'habitude culturelle qui rend possible
un dialogue, toujours biaisé d'ailleurs, avec le médecin), se
découvre un immense domaine de cas qui échappent à toute
règle. Là, chaque femme est singulière, aucune ne répond
vraiment aux catégories, pourtant prolixes à leur endroit et
riches en flexions, du savoir médical sur les femmes. Les
Rapports précis et détaillés que les médecins ont rédigés en
nombre, et cas par cas, nous ouvrent ce champ infini, curieux
et passionnant — le champ, pour les médecins, de la surprise,
de l'interrogation, du mystère. La femme est un mystère [2].

Car, chez elle, les pathologies claires s'embrouillent, les
courants normaux des humeurs, dans le corps, s'animent de
vivacités imprévues, se dérivent vers des directions peu

croyables. Les phénomènes les plus étranges se manifestent : hystérie, évidemment, et c'est une maladie clairement connue. Eh bien non! c'est encore différent.

Cette femme accouche. Mais de quoi accouche-t-elle ? — d'une pierre. On attend un enfant. C'est un crapaud qui vient ou un lapin. Toute sorte de choses étranges naissent du corps des femmes. Et celui-ci apparaît comme éminemment susceptible de produire des objets toujours plus nombreux, plus rares, plus inattendus. Parmi ceux-ci, les enfants ne sont que les plus ordinaires ; mais ces productions peuvent aussi appartenir aux ordres du minéral ou du végétal. Cette jeune fille nubile, que lui sort-il par le corps à chaque printemps ? Des graines et des fleurs. Le discours de la médecine sur les femmes, et il ne s'agit plus ici de la médecine des traités mais de celle qu'exercent quotidiennement des praticiens ordinaires, est un discours de l'*étrangeté*.

De fait, ces médecins s'y complaisent. On a deviné qu'à regarder les choses de près, ces animaux dont accouchent telles femmes sont des fœtus monstrueux. Pour l'un, une malformation de l'encéphale, l'absence de cerveau, des yeux globuleux ont créé une lointaine analogie avec la tête d'un crapaud ; pour l'autre, des oreilles décollées, une voûte palatale non soudée et la lèvre fendue : et voilà un lapin. Mais le médecin, au lieu d'annoncer d'emblée ce qu'il sait bien, et qu'il s'agit de fœtus malformés, n'y vient qu'à la fin de son mémoire. Comme s'il avait eu plaisir à constater qu'une femme a accouché d'un lapin. Comme s'il importait d'entretenir l'ambiguïté, parce que les femmes, c'est l'ambiguïté, et que d'une certaine façon elles sont contaminantes. Parler des femmes, c'est parler avec leur ambiguïté *à elles* : celle qu'on leur prête, et qu'en miroir on mime.

D'autres ambivalences entrent encore dans ce catalogue. Ce corps féminin si prolifique en produits merveilleux, le médecin découvre dans un mouvement inverse qu'il est proprement un objet pénétrable. Tout y entre, tout s'y imprime, tout l'impressionne. Et rien n'égale sa propension active à absorber, à avaler. Aussi les femmes sont-elles naturellement pléthoriques. Enceintes, surtout, elles peuvent montrer une avidité extraordinaire. D'autres occasions cependant les y conduisent parfois. Dévorantes elles sont, et donc effrayantes ou même dangereuses. Ogresses, certaines fois[3].

Pourtant leur santé est fragile. Leur existence normale se présente même comme une pathologie établie : grossesses, hémorragies périodiques. Mais il se trouve que ces malaises sont dans l'ordre, au point que l'écoulement de sang qui les déséquilibre tant s'énonce en même temps comme « *règles* », c'est-à-dire, à strictement parler, comme ordre — mais un ordre bizarre : tout est à l'envers.

Cette puissance de reversion rend compte alors, sans doute, de ce que tout en elles circule. Elles sont des couloirs. Entrées, sorties : ainsi le corps des femmes assure-t-il un compte perpétuellement balancé, toujours instable. Sur ce modèle, leur vie physique et morale se développe dans la mobilité, la plasticité, l'hypersensibilité.

Qu'une femme, à la messe, chaque dimanche, ait devant les yeux chaque fois un petit ange doré et vermillonné qui orne l'autel baroque de l'église, voici qu'elle accouche à terme d'un enfant tout identique. C'est le mari lui-même qui en témoigne. Embarrassé. Il est correspondant de la Société royale de Médecine. Dans cette cire des femmes, il doit en convenir, oui, comme le disent les matrones elles-mêmes, tout marque. Et tout s'échange. Ce qui est entré par l'œil revient par les voies génitales[4].

Voilà donc de ces étrangetés féminines dont nous dresse le tableau un discours masculin, un discours savant.

Mais à ces hommes de l'art, autant les femmes apparaissent bizarres et susceptibles de retourner l'ordre du monde, autant elles leur semblent garantes, et peut-être même fondatrices, de

quelque chose qui serait une part de l'ordre du monde. Car
cette féminité est productrice d'enfants, c'est-à-dire reproductrice, et donc conservatrice, de l'humanité. A mesure qu'elles
sont plus débridées ou incertaines, les femmes sont à mesure
plus fortes! Ces ultra-faibles sont comme des rocs. Elles
asseyent la société, garantissent la possibilité d'un ordre, assurent le renouvellement des générations.

Tel est le système de représentations en apparence contradictoire, en fait assis sur un concept des équilibres entre con-
traires, dans lequel les médecins de la fin du XVIIIe siècle se
sont sentis à l'aise. A la veille des grands renouvellements de la
médecine clinique qui après 1800 lui feront trouver sa voie,
cette médecine des Lumières, si désireuse de rompre à jamais
avec les ténèbres médicales des Diafoirus du XVIIe siècle, met
dans sa conception de la féminité toute la confiance que donne
le fait de la tirer d'un exercice judicieux de la raison. Les
femmes y occupent une position sémantique importante : elles
y sont l'expression vivante de ce qui serait comme un envers
de la raison, ou la figuration d'une humanité non encore
touchée par la raison. Faibles et fortes, pitoyables et dangereuses, mères bénéfiques indispensables et puissances dispensa-
trices de contaminations étranges, versatiles sur le plan de la
santé comme du caractère, elles sont imprévisibles, ce qui
annule tout effort de pronostic. Le corps l'emporte chez elles
sur la raison, et tient celle-ci à distance. Tel est le constat
d'une médecine qui joue son autorité nouvelle sur l'allégeance
à la raison. Et voilà bien aussi qui en dit long sur l'incapacité
de ces médecins à penser une raison qui serait propre au corps.

Mais dans ce système équivoque, il reste que la femme, si
troublante pour l'esprit des hommes, si égarée en quelque
sorte par rapport aux règles de l'espèce, mais cyclique, mais
horlogère, la femme est la compagne de l'homme, compagne
étrange mais compagne acceptable, et peut-être même nécessaire, dans son étrangeté.

Une femme pliée aux représentations de la médecine

Dans le demi-siècle suivant, avec la nouvelle ère médicale qu'a ouverte la révolution de la méthode clinique, on pourrait dire que les choses ont changé à mesure qu'elles ne changeaient pas.

Bouleversements du savoir : c'est le moment des grands progrès de la physiologie, de l'anatomie pathologique. Justement une connaissance plus intime des organes et des tissus découvre aux médecins la similitude foncière de l'homme et de la femme. Ainsi fait soudain défaut la base savante qui permettait, au siècle précédent, de fonder en toute quiétude et clarté un discours de la différence radicale. Rien, en revanche, ne vient aider à modifier la force du préjugé, c'est-à-dire l'expérience existentielle et sensible, l'habitude mentale et sociale qui instauraient cette différence en évidence et en nécessité. D'où les attitudes contradictoires et le malaise de la médecine dans sa doctrine sur les femmes.

Alors, puisqu'on ne peut renoncer à ce qu'il y ait une différence d'essence, on en forgera les marques. Là même où l'anatomie se dérobait pour soutenir un propos discriminatoire, on la contraignit cependant à le perpétuer, si ce n'est que, dans un contexte pourtant rationaliste maintenant, forçant les faits et l'expérience, et, sous le couvert scientifique, se plaçant aux antipodes de la science positive, on se mit à élever un édifice tout idéologique.

Voici donc les médecins occupés à retrouver dans la physiologie, et en dépit de toute vraisemblance, des preuves de la faiblesse féminine. Et tout devient assez bizarre. Ainsi, dans la lignée de Broca, les médecins vont-ils mesurer des crânes, et découvrir que le volume de ceux des femmes est de moindre importance, que leur cerveau pèse moins lourd. Que voilà une heureuse confirmation de leur légère infériorité d'esprit ! En fait, cela ne marche pas aussi bien et les choses ne se présentent pas de façon pleinement satisfaisante. Certes les femmes ont la tête plus menue. Mais lorsqu'on examine le crâne de Voltaire, ce gourou des bons docteurs rationalistes, il apparaît bien petit. Tout échappe à mesure sous la main du savant qui veut rendre compte de l'évidence d'une « nature féminine ». Pourtant, gommant sa propre incohérence, la médecine du XIXe siècle insiste-t-elle, et plus encore que celle du siècle précédent, dans sa détermination à réduire la femme à sa féminité.

C'est alors l'apologie de sa douceur, de ses vertus pudiques. Mais le foyer de tant d'éclat est le même qui fait multiplier dans les traités de pathologie, les descriptions de langueurs et d'hystéries féminines. C'est la matrice. Les maladies de femmes sont un état. Leur système génital absorbe, résume, travaille et accable les femmes, et on le pose en fonction naturellement pathologique. Soit à dire que la physiologie féminine est une pathologie : incohérence médicale, et malaise. La femme inquiète. La femme attire le médecin.

C'est que chez elle, troubles gynécologiques et vacillations de l'esprit dus aux mouvements normaux de la génitalité sont comme un chemin obligé. Cela la constitue en théâtre expérimental de choix. C'est au point que tout l'essor d'une psychologie dynamique, celle qui débouchera sur la découverte freudienne, ne s'est poursuivi, de Mesmer à Charcot, de Deleuze ou Bernheim à Janet et à Freud lui-même, que dans la relation de médecins occupés des troubles de l'esprit avec des femmes fertiles en désordres mystérieux. Relation fascinée. Tout l'obscur, et toutes les trames du secret se ramassent en elles.

D'où la fortune aussi des théories sur les propensions criminelles de la femme. Là, les thèses de Lombroso font fortune[5]. N'avait-on pas, d'ailleurs, depuis longtemps, défini l'image médicale de la femme dangereuse, prostituée, nourrice vénérienne, fille-mère ou bien servante infanticide? Tuberculose ou syphilis : la créature scandaleuse transmet un virus ron-

geur qui détruira l'homme distrait ou la famille innocente et
sans défense. Mais en toute femme, même la plus vertueuse, de
toute façon, une avidité se cache, qui guette l'homme dont elle
usera la fortune ou la virilité, et un désir pèse sur la digue qui
peut se rompre un jour, à l'improviste, lorsqu'on s'y attend le
moins, et laisser déferler le crime.

Nous voici donc en présence d'une image médicale de la
femme maintenant tout à fait grimaçante. Autant la féminité
définie par la médecine des Lumières était au fond favorable
et, si j'ose dire, concertante (ces femmes étranges mettaient
dans le monde des hommes une diversité, une surprise, et puis
lui proposaient les avantages d'enfants nombreux et d'un
charme, d'une sensibilité et d'une beauté féminines tout
agréables, qui incitaient au rapprochement et à l'entente)
autant désormais, en l'absence d'un support conceptuel susceptible de fonder en raison la représentation d'une libre et
attirante différence, la féminité sert, dans une stratégie de
pouvoirs, de périmètre raide et clos où l'on emprisonne les
femmes.

Ce qui n'a pas changé, c'est la catégorisation de la femme.
Mais sa nature féminine spécifique, de force constituante légi-
time et d'ornement précieux qu'elle était, est devenue l'aveu
d'une faute et un ressort de séparation. La relation s'est
tendue. Méfiance, recul, imputations et prise en main : c'est le
nouvel horizon. Les femmes enfin étant ce qu'on a décidé
qu'elles sont, il convient qu'elles s'y plient et ressemblent à ce
qu'on en attend.

Là est maintenant le changement ; dans ce rapport de forces
que la médecine prend en charge. Au siècle précédent, les
femmes pouvaient librement recourir au médecin. Les femmes
aisées, évidemment. Mais elles prenaient des conseils ou des
décrets médicaux ce qui les en arrangeait. Que la relation avec
le thérapeute savant ne tourne pas à leur gré, elles se passaient
de lui : les autres recours étaient nombreux. D'ailleurs, en cas

de maladie grave, c'était le plus souvent le prêtre le premier
appelé. La médecine n'était pas la seule manière de répondre à
un problème corporel. Enfin, même si l'institution des médecins des épidémies avait permis à ceux-ci d'accéder auprès des
femmes des campagnes, ils n'en furent pas moins souvent
tenus à distance par elles. Le médecin ordonne ; mais il ne
reste pas en permanence ; on suivra ou l'on ne suivra pas son
ordonnance ou son conseil. Qu'il se mêle des affaires du
ménage et donne son avis sur la façon de nourrir, de langer les
enfants, qu'il veuille décider de la place du fumier dans la
ferme, des lits dans la maison, du cimetière au village : on
obéit ou l'on n'obéit pas. Cela, sous l'Ancien Régime.

Avec le XIXᵉ siècle, la force que prennent les médecins leur
vient de leur statut croissant de notables. Les choses vont lentement, certes. Le grand médecin notable, c'est un médecin
des années 1860 et suivantes. En 1830, la partie n'est pas
toujours ni partout jouée. N'importe. Il reste que peu à p⌐ ⌐
l'espace médical se fait connaître et envahit les habitudes et les
consciences. Et tout d'abord dans la bourgeoisie, devenue la
classe dominante. Là, l'obéissance au médecin s'installe. C'est
normal. Dans la famille bourgeoise, où le mari est homme de
sérieux et de pratique, manufacturier, notaire, négociant, etc.,
le médecin est un semblable, un modèle même, un archétype.
Comment la femme bourgeoise pourrait-elle mettre en cause
la parole et l'autorité d'un représentant si plein, si prestigieux
de son propre époux, de son père ? Là où elle a été formée à
respecter et à suivre son mari, elle honorera aussi le médecin.
Quant aux hommes, chefs de famille et médecins, entre porteurs de savoir, de favoris et de chapeaux hauts de forme, ils
s'estiment et s'accordent. La femme va donc céder d'autant
plus facilement à l'injonction médicale et à la conception du
monde qu'elle transmet, que celles-ci s'accordent et se confon-
dent avec une conscience et une morale dont est tissu son univers quotidien d'épouse et de mère bourgeoise : bien élever ses

enfants, être mère assez souvent, pas trop, mais sans que le
médecin dise comment il faut faire pour ajuster le nombre des
naissances (car il ne faut pas perturber non plus l'ordre de la
nature...), veiller sur la famille en suivant les conseils du
médecin, appeler celui-ci chaque fois qu'il convient, se soumet-
tre aux commandements de l'hygiène, d'ailleurs rentables, et
en instruire grands et petits, préférer les vêtements qui ne ser-
rent pas trop la taille afin de protéger sa féminité et pouvoir
donner largement, dans la vie de chaque jour, dans le repos
comme dans le mouvement, l'aisance à ce corps un peu gras,
un peu volumineux qui doit être celui des mères, et dont la
médecine nous explique que c'est là la beauté féminine.

Il y a à dire, d'ailleurs, sur ce canon médical de la beauté
dessinant une femme large, à la poitrine opulente, aux
hanches développées. Les médecins s'émerveillent, à ce sujet,
de ce que la beauté idéale des femmes ait été façonnée par la
nature en raison même de ce qui favorise la fonction primor-
diale qu'elles ont à assumer, à savoir porter des enfants dans
leur sein et allaiter ces petits. Miracle de cette adéquation! Et
la médecine d'en tirer argument pour soutenir ses décrets : la
nature indique d'elle-même dans quelle direction doit être réa-
lisé l'équilibre physique, mental et moral de la femme. C'était,
pour ces hommes de l'art, oublier que la définition qu'ils don-
naient du canon de la beauté, et qu'ils trouvaient commode de
croire offerte par la nature, était d'avance conforme à leur
morale, à leur doctrine, parce qu'elle était leur fait, et qu'ainsi
les choses ne tournaient si rond qu'à mesure qu'elles étaient
mieux fermées en cercle et en système dans leur tête[6].

Mais on voit là combien la pression était forte. Et l'on comprend que les femmes y aient peu à peu cédé, tenues par cet
environnement pressant au point de se conformer à l'image
d'elles-mêmes qui leur était ainsi fournie. La femme ouvre
alors largement sa porte au bon docteur, acquiesce pour elle-
même à ses recommandations, confie son cœur et ses secrets à

sa curiosité, et soumet ses enfants à l'ordre qu'il préconise.
Bien plus, elle se fait son porte-parole, sa propagandiste et,
d'une certaine façon, sa complice[7].

C'est ainsi que la femme bourgeoise va seconder la diffusion
du message médical, s'enrôler même à son service. A travers
ses engagements charitables, elle s'emploiera à introduire le
médecin dans le foyer du pauvre, au chevet de la vieille femme
malade, au lit de la prostituée tombée dans l'épuisement et la
misère, pour qu'à l'appui du secours de religion et de bienfai-
sance qu'elle apporte soit engagée auprès des malheureux, des
faibles et des brebis perdues l'aide efficace du savant médecin
qui, mieux encore qu'elle-même, femme d'œuvres, viendra à
bout des turpitudes nécessairement mortelles de la servante
aux mœurs faciles, de la fille perdue, du couple d'ouvriers
vivant dans le concubinage et la licence. On va ensemble
redresser, sauver, marier, assainir. Dans cette croisade pour
les mœurs où le secours du prêtre n'a plus toute sa vertu,
l'église ayant perdu de son pouvoir sinon même de sa crédibi-
lité, la femme voit maintenant dans le médecin l'allié qui lui
convient. Au service des âmes, l'argument scientifique du
corps est devenu le plus puissant. C'est donc au nom de la
cohérence du corps et des impératifs de la santé que la femme,
en retour du poids que le médecin lui permet ainsi d'acquérir
et en doublet du pouvoir qu'il a pris sur son propre corps à
elle, va le servir en lui ouvrant nombre de portes, en lui
offrant de nouveaux corps à conquérir.

Prudences, avancées, mutations et résistances

Parmi les conquêtes que la médecine doit ainsi aux femmes,
il en est une capitale au triple point de vue démographique,
sociologique et professionnel, c'est le domaine de l'enfance.

Mais avant d'y venir, il me semble nécessaire d'apporter

moi-même quelques atténuations au tableau évidemment forcé que, pour faire saisir les traits saillants de la situation, dans un exposé synthétique, j'ai présenté dans les pages précédentes. Cent exemples particuliers pourraient ou démentir ou, mieux, modérer les choses globales que je viens de dire. Nuançons donc.

Il y eut bien des médecins respectueux des femmes, je veux dire de l'originalité d'une femme, et qui ne leur ont pas attribué tous les caractères réducteurs qui ont été énumérés. C'est plutôt la somme de leurs approches particulières qui, condensées, alignées, donnent à voir cette caricature de la femme dessinée par la médecine du XIXe siècle, et qui nous frappe aujourd'hui. C'est surtout l'effet des textes théoriques de la médecine (articles d'encyclopédies médicales, traités spécialisés) d'avoir encore forcé la note de cette construction abstraite. De la même façon, dans l'exercice quotidien, dans les quartiers de la capitale, ou en province, et à la campagne, beaucoup de médecins du XIXe siècle ont agi avec une immense prudence.

Ainsi, sur le point délicat de l'accouchement des femmes, ou des soins donnés aux enfants, certains avaient bien conscience du poids considérable qu'avait tout un héritage de règles et d'habitudes qui se transmettait de mère en fille, ou de matrone à jeune femme dans les campagnes, et qui prolongeait un passé lointain, mais agissant, dans le présent difficile de l'exercice médical [8]. Aussi prendra-t-on garde de ne pas heurter une mère en lui affirmant brutalement que les façons qu'elle a de faire pour préparer une naissance, les soins qu'elle reçoit elle-même ensuite puis qu'elle dispense au nouveau-né, les usages qu'elle suit pour nourrir, langer, assurer plus ou moins de propreté et dont elle tient le pli par l'effet d'une expérience qui la précède de longtemps (pour le médecin scientiste, une triste routine), ne sont pas ce qu'il faudrait, et qu'il convient de les rejeter. Bien des médecins sont donc extrêmement discrets et conci-

liants, quitte à donner de temps en temps un conseil ferme. En
fait ils cherchent à gagner du terrain, à médicaliser quand
même, à répandre leur code de l'hygiène, mais à travers
maintes hésitations et au prix de replis tactiques, avec tout un
art de composer, en attendant le bon moment, pour préparer
les choses et ne pas compromettre l'avenir.

Un exemple significatif entre tous, et singulier : les ambiguïtés envers l'usage, si répandu, des nourrices. C'était devenu
une véritable industrie, prospère pour ceux qui tenaient ce
marché, meurtrière pour les nourrices et pour beaucoup d'enfants. Sur les éléments et les formes de cette situation s'est
développé un immense discours médical d'articles, d'études et
de thèses. A travers lui, cependant, et au regard des choix faits
concrètement, se révèlent les contradictions propres à la profession médicale dans son rapport avec les femmes. En effet,
pour le praticien, rien ne valait l'allaitement maternel, pour
des raisons d'ailleurs où l'argument physiologique se distingue
mal des principes moraux. Mais comment résister à la pression
d'une clientèle qui entendait continuer de recourir aux
nourrices sans qu'on vienne lui en faire reproche. Ainsi les
femmes aisées des villes, répugnant à cette contrainte du
corps, engagent à domicile des nourrices paysannes dont les
enfants, trop tôt sevrés et délaissés, mourront précocement.
Les plus modestes, boutiquières et ouvrières des grandes cités,
tenues de travailler pour vivre, doivent confier les leurs à des
nourrices de campagne chez qui leur santé courra de grands
dangers. Les médecins condamnent volontiers ces dernières,
mettent en garde les premières plus doucement. Mais ils en
viennent vite à organiser eux-mêmes la fonction nourricière —
et à en profiter financièrement. Veillant au recrutement des
nourrices, procédant même à leur choix, fixant leur régime alimentaire, dictant sur cette matière toute espèce de règles de
conduite et conseillant sur chaque circonstance, en fin de
compte ils supportent de toute leur autorité la perpétuation

d'un système qu'ils légitiment ainsi à mesure qu'ils en codifient l'usage. Au terme, la nourrice conforme est médicalisée, c'est-à-dire incluse dans la panoplie des normes et fournitures médicales. D'ailleurs, l'attention qu'y portent les médecins finira par assurer à la pratique nourricière une sécurité certaine [9].

L'exemple montre l'habileté de cette politique de compromis à la fois subis et calculés. Par elle, mais au prix de quelques inconforts de doctrine, la médecine parvenait à son but : convaincre à long terme, par l'efficacité de sa pratique ; et médicaliser. Ainsi réussit-elle enfin à prendre en main tout ce qui touchait au continent féminin. Passée une longue période de défiance des femmes, les enfants sont plus librement confiés à la compétence médicale. Sur le fait des maillots, du biberon, du sevrage, les leçons de la puériculture l'emportent sur la tradition. Les familles éclairées sont gagnées. Pour les autres, la médiation de l'école primaire pour les filles, des dispensaires et des institutions publique d'aide à l'enfance viennent à bout des résistances [10].

Terrain plus délicat encore, celui des accouchements. C'était depuis toujours domaine réservé aux femmes, et malgré les progrès de l'obstétrique théorique depuis Baudelocque (1746-1810), les praticiens n'avaient pu y pénétrer que très partiellement. Le livre des visites d'un médecin de campagne de la région de Royan témoigne ainsi que, sur des centaines de déplacements chaque année, il n'a pratiqué de 1830 à 1850 que douze accouchements [11]. C'est remarquablement peu. Les médecins vont là très prudemment. Leur démarche a consisté plutôt à convertir les matrones en sages-femmes instruites, médicalisées. Par elles, ils ont alors un regard indirect sur les faits. Indirect. Car les sages-femmes tiennent solidement le terrain. Ce n'est qu'avec la fin du siècle qu'on voit le médecin se réserver le rôle de principal acteur dans les accouchements. Les choses étaient allées plus vite dans les villes, encore que

l'accoucheur y pratiquait surtout à l'hôpital, avec la surmor-
talité terrible qu'on connaît. Longtemps les femmes du peuple
et les indigentes redoutèrent d'y être transportées (et c'était
souvent de force) lorsque l'accouchement se présentait mal :
les fièvres puerpérales, d'ailleurs transmises par la négligence
médicale, en avaient fait un lieu d'épouvante. L'ère pastorienne va transformer cela. Comme elle a transformé tout,
permettant, sur fond d'assurance scientifique et par la lutte
rationnelle contre germes et bacilles, d'étendre enfin l'emprise
médicale sur la totalité des aspects biologiques de la vie familiale et sociale.

Pour ce qui est de l'obstétrique et des soins aux nourrissons,
des spécialistes de valeur comme Tarnier ou Pinard délivrent
l'hôpital de sa réputation fâcheuse et, soit qu'ils en introdui-
sent l'esprit et la méthode jusqu'au lit privé des riches
accouchées, soit qu'ils parviennent à convertir des femmes de
rang social non médiocre à l'idée de venir accoucher à la
maternité, achèvent d'acclimater la logique et la démarche de
la médecine comme horizon normal de la vie ordinaire des
femmes. Adolphe Pinard est précisément l'un de ceux qui ont
réussi à développer l'enseignement de la puériculture dans les
écoles primaires en se servant du truchement des institutrices,
femmes dévouées à l'idéologie scientifique de la médecine,
pour toucher et instruire les petites filles du peuple et des campagnes.

Mais au moment où le monde des femmes, subjugué par
l'évidente qualité des moyens scientifiques dont la thérapeu-
tique et la prophylaxie disposent, abandonne ses réticences,
baisse les bras, se rallie pleinement, la médecine désormais
assurée d'elle-même et reconnue de tous, en position de parler
ferme sur toutes choses, s'acharne à maintenir contre toute
vraisemblance sa conception classique, c'est-à-dire poussié-
reuse et grotesque, de la femme. Acharnement inexplicable, fixa-
tion passionnelle, débordement de la raison par la croyance.

Pourtant, le progrès des études indiquait les révisions à opérer. Dans le domaine proprement médical, le développement des connaissances en anatomie et en physiologie a fait saisir toute la complexité de la fonction reproductrice et découvert les lois de la fécondation. Plus rien n'est simple, et rien ne justifie plus la réduction traditionnelle de la femme à une fonction étroite, grossièrement représentée. C'était aussi la pleine époque des grandes avancées de la sociologie et de l'ethnologie. On y reconnaissait que, dans les sociétés traditionnelles (on disait « primitives ») d'Asie, d'Amérique et d'Afrique, les femmes étaient les égales des hommes par la vigueur et les capacités. Ce que corroborait l'anthropologie moderne, qui ne trouvait plus de différence fonctionnelle dans l'organisation cérébrale des deux sexes.

Alors, affaire close ? Que non ! Certes, concède la médecine, les femmes ne sont pas tout ce qu'on a cru ; mais... Et il reste toujours un mais. Voici venir maintenant d'étranges productions, des constructions savantes et légendaires qui ramènent les femmes aux vieux canons de la féminité, les réengagent dans les sentiers de l'infériorité physique et mentale. Car, disent ces mythes médicaux tout appuyés sur un évangile darwinien apocryphe, si l'humanité primitive présentait bien cette indistinction quasi animale des sexes, il faut comprendre que l'évolution de l'espèce, c'est-à-dire son progrès, et le progrès de la civilisation, se réalisent par la différenciation croissante, *constituante,* d'un être masculin, homme d'intellect, de pensée et d'action, et d'un être de féminité, toute intuition, toute maternité, femme instinctive, sensible, fragile, pulpeuse, humorale, pleine en ses formes, de la poitrine et des hanches. On retrouve le stéréotype.

Cet acharnement dans la mise à l'écart si décidée, si violente, si durable, aura eu des effets non prévus. N'insistons pas ici sur le racisme biologisant qui veille au cœur de ces édifices de mépris et de peur : mais c'est une piste à suivre. Du moins,

côté des femmes, cette séparation forcenée, cette ségrégation
que de sages praticiens, paternels, salutaires, bienveillants,
leur infligent en les flattant de l'œil, elles ont fini par les
reprendre à leur compte. Elles se sont reconnues spécifiques ;
elles ont senti naître en elles la conscience féminine, la conscience féministe.

De sorte qu'à la fin du siècle, ce sont d'autres femmes que le
médecin rencontre tout à coup. Converties à l'usage médical,
assurément. Mais dans leur corps, indépendantes, différentes.
Ce ne sont plus ces femmes grasses auxquelles le bon docteur
faisait des gronderies lorsqu'elles serraient leur taille épanouie
dans des corsets fâcheux, « contre-nature » : des bêtises de
mode, disaient-ils. Les femmes de ces nouvelles générations
ont plus souvent la taille fine, naturellement, sans artifice.
Non toutes, bien sûr. Mais une évolution est engagée. Elles
bougent, elles vivent, certaines font du sport, elles ont acquis
du muscle, de la sveltesse ; leur corps, et l'idéal aussi bien
qu'elles en poursuivent, est maintenant tout autre, transformé, marqué par les trajets d'une féminité tout à coup
conquérante.

Les médecins ne reconnaissent plus en elles la femme qu'ils
préféraient, et qu'elles rejettent. L'œil et la pensée fixés sur
l'image féminine qui s'efface, fût-elle reprise et magnifiée par
un Renoir, ils entrent dans le XXᵉ siècle en porte à faux, quitte
à construire des fictions médicales sur les finalités de l'évolution humaine. Devant eux, cependant, des femmes toujours
plus nombreuses échappent à leur mythe et les contraindront
peu à peu à se plier à la réalité, des femmes dont la poitrine
s'efface et la taille s'affine, des femmes à la ressemblance de
celles que dessinent Degas et Toulouse-Lautrec, des femmes
qui préparent déjà les traits de celles qui seront les féministes
— ou les garçonnes — des années 1920.

NOTES

1. L'essentiel de cet exposé cursif repose sur des éléments de mes propres recherches. Pour ce que je ne tiens pas de première main, je dois mes informations aux travaux de Jacques Léonard sur les médecins du XIXe siècle, d'Yvonne Kniebielher sur les femmes depuis la Révolution.

2. J'ai présenté ces manuscrits et analysé leur conception des femmes dans mon article, « Entre femmes et médecins (...) à la fin du XVIIIe siècle », in *Ethnologie française*, 1976, VI 3-4. On se reportera aussi à mes comptes rendus d'enseignement sur le sujet in *Annuaire* de l'École des Hautes Études en Sciences sociales, 1976-1977 (p. 137-140) et 1977-1978 (p. 131-134).

3. Sur le cas d'une mère ogresse, j'ai publié les documents de l'affaire de Sélestat (1817), Ogres d'archives, *Nouv. Rev. de Psychanalyse*, VI, 1972, (Gallimard), p. 249-267.

4. Langres, 1782 (Archives de la Société royale de médecine).

5. Cesare Lombroso, *La femme criminelle (La donna deliquente, la prostituta e la donna normale,* Turin, 1893).

6. Les catégories de cette construction médicale de la femme sont particulièrement saisissables dans la source documentaire inégalable que constituent au XIXe siècle les grands dictionnaires de médecine *(Dictionnaires* d'Adelon et Béclard, de Bouchut et Després, de Dechambre, etc.).

7. Sur cet apprivoisement progressif, d'ailleurs lent et prudent, voir J. Léonard, *La vie quotidienne du médecin de province au XIXe siècle.* Paris. Hachette, 1977, chap. v .

8. Sur les soins aux enfants dans les campagnes du XIXe siècle, cf. Françoise Loux, *Le jeune enfant et son corps dans la médecine traditionnelle,* Paris, Flammarion, 1978.

9. Sur les nourrices, je m'inspire de Fanny Faÿ-Sallois, *Les nourrices à Paris au XIXe siècle*, Paris, Payot, 1980.

10. Sur le développement de la pédiatrie et de la puériculture, on consultera avec profit Yvonne Knibielher, Catherine Fouquet, *Histoire des mères*, Paris, Montalba, 1980, p. 290 et suiv.

11. Archives privées, famille Lambert, Royan.

EMBLÈMES

Le jardin des modes

par Philippe Perrot

« Pendant que s'accomplissait chez les hommes ce sacrifice à l'économie et à l'égalité, qui remplaçait les broderies, les dentelles et les plumes, les culottes courtes et les étoffes claires, les boucles et les bijoux, par un frac abordable pour toutes les situations et toutes les fortunes, pendant le développement de cette longue série d'abnégations masculines, nos moitiés intraitables n'ont cessé de s'attifer à la grecque, à la turque, à la chinoise, à la Marie Stuart, à la Médicis, de se costumer en bergère Watteau ou en marquise Louis XV. Si bien que, dans le ménage actuel, l'épouse fleurie, enrubannée, constellée, triomphante, enveloppée d'une atmosphère invisible de vénusté qui s'évapore autour d'elle, apparaît à côté du mari résigné, sombre, éteint et plat[1] ».

Jamais, depuis le siècle des Valois (durant lequel l'habit masculin raccourcit et s'ajusta au corps, tandis que celui des femmes restait ample et tombant au pied[2]), il ne s'était imposé en Occident (et cette fois jusqu'aux couleurs et aux tissus) un tel dimorphisme sexuel. C'est que le vêtement du bourgeois triomphe à l'instar de celui qui l'arbore. Définitivement codifié autour des années 1830, sa coupe tuyautée, ses pans refermés

et son drap noir lui servent d'emblème. S'opposant au faste
indécent des habits de cour dans tout ce qu'ils pouvaient
signifier de gaspillage et d'oisiveté, il se pose en effet comme
une manifestation d'un ordre à la fois moral et politique, basé
sur la volonté et le renoncement, le travail et l'épargne.

La femme-enseigne

Si cette vêture bourgeoise ne cherche que formellement à
nier les distinctions sociales (qui resurgissent autrement dans
les nuances, les détails ou les accessoires), de son modèle puri-
tain, subsiste en revanche et pleinement, le projet compulsif
d'occulter la présence du corps qui l'habite, d'exclure l'em-
phase des gestes, bref, de proscrire la « pose » du gentilhomme
d'autrefois, désormais ridicule[3]. Succédant à celle-ci, la morne
apparence du monsieur « comme-il-faut », raidi dans son frac
ou sa simple redingote, sert de repoussoir aux divers atours
féminins qui n'en brillent que davantage. L'on comprend dès
lors combien les crinolines, les tournures ou les robes-fuseau
pourront constituer tour à tour les pièces maîtresses de la
représentation comme de la mythologie de la féminité au
XIXe siècle. De fait, rien n'est venu rompre la tradition aristocratique de ces toilettes : sous le mouvement précipité des
changements de mode, la règle demeure largement à la sur-
charge des matières, à la vivacité des couleurs et à l'incommo-
dité des formes. Partant, ce que l'homme n'est plus — cha-
marré et coquet — la femme le devient doublement. Un rôle
nouveau lui est assigné : dorénavant seule à exhiber le luxe du
costume d'Ancien Régime, à elle en effet d'illustrer par procuration, et au moyen de ce luxe, la gloire du père, du mari ou de
l'amant, son statut social, sa puissance pécuniaire. Très subtilement analysée par Veblen, cette consommation vicariante
réduit la femme à revêtir la livrée de celui qui l'entretient, à

lui servir d'enseigne[4]. Valeur décorative et signe de richesse, elle remplace en somme les dentelles et les bijoux que la Révolution fit bannir des tenues masculines. Mais il ne suffit pas d'étinceler dans ses chairs opulentes et ses toilettes ruineuses. Comme force d'improduction prestigieuse, comme agent de dilapidation intensive, il lui faut encore souligner continûment cette inutilité fondamentale, prouver son incapacité à fournir un effort matériellement profitable qui engagerait son corps. En témoignent la singulière nature de sa garde-robe et l'extrême complexité de son maniement.

Cérémonie de la toilette

Dans le grand monde parisien, aristocratique au Faubourg-Saint-Germain ou grand bourgeois à la Chaussée-d'Antin, là où s'incarne dans ses versions respectives, le modèle du suprême bon ton, la journée d'une femme qui veut tenir son rang se doit d'être scandée par un rythme incessant d'habillages successifs. Jalonnant son emploi du temps, ces habillages le constituent même en grande partie, tant ils l'accaparent. Activité harassante en effet, mais délicate aussi, que se vêtir dans les convenances, qu'adapter sa tenue aux circonstances et à la topographie, que l'harmoniser à ses traits, à son teint et à son humeur.

Le matin réclame le port d'un peignoir dont le « négligé » interdit de recevoir quiconque ni de quitter un seul instant la sphère de la plus grande intimité. L'après-midi met en scène, en revanche, de nombreuses toilettes de sortie. Bien différentes selon qu'il s'agit d'aller parader au Bois de Boulogne (promenade rituelle du *high life* parisien), de faire des achats (donc de marcher un tant soit peu) ou de visiter ses pauvres (la bienséance ne laisse pas d'insister sur le tact vestimentaire requis en cette occasion charitable).

Hors de Paris, aux eaux, à la mer ou en montagne, les pré-
textes au changement n'en sont pas moins nombreux :

« Toilette de wagon, toilette de bateau, toilette de bain, de
cheval, de traîneau, de chasse, de pêche, de soleil, de pluie, de
brouillard, d'avalanche ! » comme l'énumère un personnage
de Victorien Sardou dans *La famille Benoiton*, qui ajoute « ...
si bien que toutes ces robes cousues l'une à l'autre couvriraient
exactement le quartier de terre que monsieur est obligé de
vendre pour en acquitter les factures[5] ! »

Le soir commande, au bal ou au spectacle, les robes à la fois
les plus somptueuses et les moins couvrantes. A la progression
des heures de la journée correspond donc une progression dans
l'étalage du luxe et dans la dénudation de certains lieux du
corps, tels la gorge, les bras ou les épaules. Ce qui tout à
l'heure encore aurait violemment heurté leur pudeur, le soir
les femmes l'offrent ainsi aux regards comme un aveu plus ou
moins loyal. Mais cette relative et temporaire échappée du
désir n'est possible que dans l'espace protégé où il circule. Partout ailleurs, elle serait l'odieuse transgression d'un « comme-
il-faut » des apparences, entendu — sinon vécu — jusqu'aux
couches les plus démunies. « Laquelle d'entre vous, remarque
Théophile d'Antimore, oserait paraître dans une rue et se
promener sous les yeux du peuple en costume de bal [...] ?
La plus hardie ne se le permettrait pas, et elle le ferait
bien ; car les huées de la foule la forceraient promptement
à se cacher, et les gamins lui jetteraient de la boue et des
pierres. Au reste la police interviendrait et la conduirait
probablement en lieu sûr, pour la livrer ensuite au tribunal
correctionnel, comme coupable d'outrage à la morale
publique[6]. »

Toilettes de jour ou toilettes du soir : qu'en est-il de leurs
soubassements ? Comment s'agencent-ils ? Un silence d'autant
plus chargé s'abat sur l'ensemble de ces dessous mystérieux
qu'ils font l'objet d'une folle et fiévreuse attraction mascu-

line : à partir de la seconde moitié du siècle surtout, lorsqu'ils ne seront jamais aussi abondants et cachés à la fois, lorsque, jamais non plus, ne se fera aussi massive leur diffusion à travers les classes sociales. L'anecdote littéraire, la caricature, le journal de mode ou le traité d'hygiène privée nous restituent toutefois leur singularité.

Entre les formes du vêtement visible qu'il conditionne et celles du corps invisible qu'il modèle, le sous-vêtement féminin apparaît comme un système prodigieusement savant, d'éléments superposés, bardé d'agrafes, de sangles, de lacets et de boutons. Son étude fait appel à une véritable stratigraphie. A même la peau se passe d'abord la chemise (en batiste, en nansouk, en linon, en coton, en lin, en toile selon la condition sociale), puis à partir du Second Empire où il se généralise, le pantalon (en madapolam ou en percale) dont se dispensèrent jusqu'alors les femmes occidentales, allant habituellement nues sous leurs jupons. Sur ces deux pièces qui recouvrent le corps de l'encolure aux genoux, et après avoir enfilé les bas et leur jarretière, s'ajuste au tronc le fameux corset. Cet élément fatal de la vêture féminine étrangle plus ou moins fortement les populations inactives ou laborieuses. Une fois lacé patiemment — par une domestique pour les unes, par soi-même pour les autres —, le corset permet l'ancrage de nombreux jupons qui s'amoncellent en couches superposées lorsque l'amplitude des robes l'exige. Aussi, avant que ne les remplace, autour de 1854, la cage en lames d'acier (qui s'arrime aussi au corset), ne fallait-il pas moins de six à huit de ces jupons afin que soit obtenue une rotondité adéquate. Succédant à la crinoline vers 1867, la tournure, qui rejette toutes ses enflures à l'arrière, exige — elle — la présence souterraine du « pouf » — impressionnant rembourrage de treillis métallique ou de crin disposé au bas du dos. Reste donc, sur ces charpentes ainsi édifiées (à l'organisation stable mais aux formes insensiblement mouvantes) à faire reposer une ultime strate d'étoffes : la robe,

elle-même surchargée de volants, de guipures, de bouillons, de
nœuds ou de fleurs en toute matière.

Quel sens prêter à ce corps inaccessible, au propre comme
au figuré ? A ce débordement textile qui l'ensevelit, faisant
partout obstacle à la vue et au toucher tout en magnifiant ses
formes ? Habituellement invoquée, la fameuse pudeur bourgeoise du XIXe siècle n'explique pas tout. Du moins devrait-on
la comprendre comme une étape significative d'un processus
d'autocontrôle où les pulsions ne parviennent pas encore à se
contenir sans l'aide de cuirasses externes, d'écrans physiques.
Ainsi le nu, qui sans coup férir plastronne aujourd'hui sur les
plages, témoigne d'une étape nouvelle de ce même processus,
où l'intériorisation des normes de la pudeur s'est si parfaitement accomplie, qu'il ne provoque plus guère d'émoi. Au
siècle précédent, il est un état accidentel, justifié nulle part ; et
la seule vision d'une cheville fugacement dévoilée sur la
marche d'un omnibus ou celle d'une main délicatement
dégantée peut suffire à allumer les plus furieuses convoitises.
De leurs extrémités si suggestives, les femmes en prennent
d'ailleurs une conscience aiguë, tant elles sentent guetté l'instant où elles laisseraient ces régions échapper à l'opacité des
tissus. « Regardez une Parisienne dans les yeux avec persistance et ténacité, écrit Taxile Delord, aucune émotion ne se
traduira sur sa figure. Examinez attentivement son pied ou sa
main, elle rougira et détournera la tête [7]. »

S'accumule ainsi dans le secret mousseux des lingeries, un
prodigieux capital érotique, dont la rentabilité sociale se
mesure à l'intensité du culte voué au corps féminin sur toute
son étendue et à l'efflorescence des fantasmes qu'il suscite
dans toutes ses parties. Effet pervers de la pudeur : plus elle
écarte du champ du regard les objets du désir, plus elle aug-
mente le désir pour ces objets. Une bourgeoisie qui s'applique
à tout recouvrir comme pour conjurer un monde pan-sexuel
qui la hante et la menace, cultive un imaginaire érotique dont

nous n'avons plus idée. Même le pied des pianos par exemple, dépisté comme une forme trop suggestive, se voit entouré d'un manchon dont la présence ne cesse pourtant de rappeler l'indécence qu'il cache. Pour la robe, ce mécanisme joue d'autant mieux qu'en dissimulant entièrement le corps qui l'habite, elle le simule par ailleurs, en hypertrophiant ses contours à coups d'artifices multiples, sculptant une image de la femme à la fois prude et obscène, refusée et offerte. Cette énorme machinerie vestimentaire ne va pas non plus sans générer de légitimes suspicions, sinon d'angoissants fantasmes — en particulier chez les futurs maris qui, dans l'incapacité de juger sur pièce, risquent de se faire flouer. Comme l'observe Balzac dans sa *Théorie de la démarche*, « les femmes peuvent tout montrer, mais ne rien laisser voir. [...] Les robes n'ont été faites que pour cela [8] ». Que recèle après tout sa mystérieuse infrastructure de toile et d'acier ? Elle est aussi bien capable de contenir les avantages qu'elle promet — ramenés du moins à une échelle humaine — que de masquer des tares redoutables, comme un foyer d'infection ou une maigreur affreuse.

Le corps immolé

Mais le corset ne fait pas que pincer la taille et saillir les seins, la robe ne fait pas qu'élargir les hanches ou bouffir la croupe, le talon haut ne fait pas qu'exhausser et cambrer la silhouette, du moins tous ces objets ne contraignent pas pour la seule finalité sexuelle. Ils imposent en effet une façon de se tenir, proscrivent certains espaces, interdisent certains gestes, en rendent d'autres pénibles (comme la marche) et fonctionnent par là comme entrave à tout effort rentable donc dégradant. Ils signalent une fois encore la puissance du mari, assez riche pour entretenir une femme qui ne fait que consommer, puisqu'elle se trouve dans l'incapacité physique d'agir hors de son petit monde domestique, confinée à ses visites et à ses broderies sans fin. Ainsi, produit d'une lente mutilation par un corset qui torture sans relâche, la valeur érotique de la taille « bien prise » se trouve inséparablement liée à sa valeur sociale. Les mères le savent assez, qui sur leur fille veillent consciencieusement à cette constriction redoutable, façonnant dès leur puberté cette dot esthétique, cet atout matrimonial, décisif peut-être pour son avenir statutaire. Il s'agit, bien sûr, d'attiser le désir (par des seins et des hanches d'autant mieux rebondis), mais d'offrir également l'image d'une femme tenue à l'abri des miasmes et de la boue extérieurs, d'une femme essentiellement fragile, amollie, évanescente, quasi invalide, perpétuant le prestige de l'oisiveté et de la dépense aristocratique.

Travaillé, taillé, socialisé pour la plus grande fierté des maris, son corps se présente en effet comme un édifice étrange, coupé en deux, incapable de se soutenir par lui-même. Le corset dès lors devient la charpente obligée des formes qu'il contribue à développer. Dans une sorte de dialectique jamais résolue, il maintient donc des laxités, soutient des pesanteurs, contient des exubérances auxquelles il participe tout en y remédiant. D'où les contradictions incessantes des discours médicaux à son sujet : les uns dans la lignée de Winslow ou Rousseau, tenant pour son abolition, les autres pour son maintien indispensable. La voix des moralistes n'est pas moins discordante : sortir sans corset disent certains, c'est montrer un négligé indécent, c'est manquer de « tenue », tandis que d'autres vitupèrent — en vain — contre cet usage funeste aux bonnes mœurs et à la fécondité.

Acculturation vestimentaire

Aux costumes arborés par la bourgeoisie dont il a été question jusqu'ici, s'oppose-t-il des toilettes populaires ? des formes et des substances spécifiques ? un code vestimentaire particulier ? Régnait sous l'Ancien Régime une puissante hiérarchie des paraîtres, juridiquement consacrée par des lois somptuaires et des ordonnances vestimentaires. En dépit des dérogations — incessantes mais limitées —, elle garantissait la transparence des signes. La « liberté du costume » décrétée par la Convention[9], puis la progressive généralisation de l'habit bourgeois au cours du XIXe siècle, compliquent singulièrement le problème des spécificités vestimentaires. A l'image des dialectes et des sociolectes à l'intérieur d'une même communauté linguistique, des emprunts, des échanges s'opèrent entre les classes et fractions de classe, des dominations s'y exercent non sans résistances ni rétroactions. Dans les campagnes par exemple, le costume régional offre un cas de généalogie complexe. Curieusement, c'est après la Révolution qu'il se manifeste dans sa florissante diversité. Auparavant, les différences se marquaient surtout en fonction du rôle social. Représenté aux porches des cathédrales, le vigneron se distinguait ainsi du faucheur ou du berger par une tenue que l'on retrouve presque immuable à travers toute l'Europe. Il faut donc attendre la suppression officielle des provinces, pour que s'épanouissent les costumes régionaux ; et la menace de l'emprise urbaine et commerciale au milieu du siècle, pour qu'ils acquièrent toute leur splendeur.

Caractérisant dès lors des aires géographiques souvent restreintes — des vallées, voire des villages —, arborés surtout en certaines occasions festives et par les paysans les plus riches, c'est le modèle nobilier local qui semble au départ l'avoir inspiré le plus souvent[10]. Son originalité proviendrait plutôt de son évolution ultérieure, relativement autonome, bien qu'il arrive aux modes des villes — lorsqu'elles se cristallisent en tendances — de parfois l'infléchir. Ainsi durant le triomphe des crinolines, toutes ces robes du terroir, si « typiques », se voient pourvues de nouveaux développements en largeur.

Réaction contre l'Etat centralisateur ? Désir d'afficher à son tour la somptuosité du seigneur déchu ? Produit des rivalités entre clochers ? Les raisons de cette période faste du costume vernaculaire — de 1840 à 1860 surtout — restent difficiles à démêler. Toujours est-il que le romantisme qui fait découvrir et admirer les coiffes alsaciennes ou les broderies provençales se leurre en les tenant pour les manifestations d'une culture populaire ancestrale, fixée dans la nuit des temps, sans voir qu'elles caractérisent en fait une curieuse époque de transition entre l'ancien et le nouveau régime vestimentaire du monde rural.

En ville, la suppression des corporations dilue notablement les traits pittoresques des tenues populaires. Mais la femme des « classes laborieuses » n'en demeure pas moins identifiable. La friperie où elle se ravitaille lui fournit des vêtements bourgeois certes, mais dégradés, défraîchis, ravaudés, qui finissent là leur cycle d'usure : transmutés en hardes, ils dénoncent tout aussi sûrement la condition de leur propriétaire. Dès les années 1840 néanmoins, avec le progrès de l'industrie textile et l'essor de la confection, puis, sous le Second Empire, avec la naissance des grands magasins qui la diffusent largement dans l'espace géographique et social, avec l'amorce, enfin, d'un léger relèvement tendanciel du niveau de vie de la classe ouvrière, il se produit une sorte d'acculturation générale des apparences, une sorte d'embourgeoisement vestimentaire aux conséquences socio-culturelles considérables. Le peuple des villes d'une part, capté par le spectacle prodigieux du nouveau commerce (l'entrée est libre, les vitrines sont immenses, les lumières foisonnantes, les comptoirs innombrables), séduit par le bon marché de ses produits, détourné de son circuit habituel d'achat ; le peuple des campagnes d'autre part, touché lui aussi, mais plus lentement, par le chemin de fer et le catalogue, commencent tous deux à suivre le rythme court de la marchandise et de la mode, à rompre avec le lourd pour le léger, le solide pour le fragile, le durable pour l'éphémère. Au vêtement-symbole organiquement lié au vécu et aux gestes du quotidien va donc se substituer le vêtement-signe aux références empruntées. De ce processus irréversible, il serait intéressant mais difficile, étant donné la diversité des régions et la disparité des documents, d'en dresser la chronologie géographiquement différenciée. Du moins sait-on qu'il ne doit pas son ampleur aux dimanches et aux jours de fête seulement, ces jours du regard et des atours. Car chez les femmes du peuple, cette volonté de mimer une autre appartenance, d'exhiber les signes d'un autre monde — celui de la bourgeoisie et de la modernité —, on la retrouve aussi en semaine, sur des tenues de travail qui n'excluent pas la coquetterie. Au temps des crinolines toujours, Eugène Chapus, tout en l'exagérant, témoigne du phénomène :

« Qui donc aurait pu s'attendre que le panier d'un usage si incommode, même pour les femmes de loisir ou d'opulence, deviendrait l'indispensable accompagnement de toilette des plus petites fillettes d'étable ou de grosses mafflues présidant aux fourneaux [11]. »

Châles, mantelets, crispins, spencers, la plupart des pièces qui ne nécessitent pas de coupe ajustée se fabriquent de façon industrielle pour se déployer — ventilées par tailles — dans les grands magasins et se mettre à la portée d'une clientèle féminine magnétisée par la féerie du nouveau commerce. « Avec sa petite tête d'oiseau, écrit Pierre Giffard, la fille d'Eve entre dans cet enfer de la coquetterie comme une souris dans la ratière. [...] Dans ce gouffre où les tourbillons sont semés de mirages plus terribles les uns que les autres, elle tombe de Charybde en Scylla. De rayon en rayon elle glisse, éblouie et frémissante [12]. »

Nouvelles distinctions

Le passage de la « façon » à la confection, de la couturière au grand magasin, est loin d'instaurer pour autant entre les femmes un paysage d'équivalences où s'aboliraient les valeurs d'élégance, de distinction et de ton. Car, entre une toilette achetée au Bon Marché et telle autre, faite sur mesure par un nom célèbre de la « Grande couture » naissante — comme Worth, Redfern ou Poiret —, subsiste une différence de prix énorme, à laquelle correspond une différence de matière et d'exécution. Sur une même forme, les regards, si peu avisés soient-ils, reconnaissent les riens qui font tout, ces nuances d'autant plus prégnantes qu'elles sont infimes. On retrouve ici le paradoxe de Tocqueville : à la diminution des disparités concrètes correspond un déchaînement du désir de se distinguer les uns des autres.

Certes, grâce à la confection et au progrès de la chimie organique en particulier, l'ouvrière, la paysanne, la petite bourgeoise ont droit désormais à la couleur vive et à un certain clinquant. Cependant, par ce clinquant même, par cette richesse en simili, par cet ersatz de luxe, elles se font distancer par les femmes « distinguées » dont le luxe, sobre — parce qu'authentique — s'écarte par ailleurs de celui des parvenues, prétentieux — parce qu'excessif.

Sous une apparente uniformisation vestimentaire s'établit donc, au deuxième degré, un système de différences plus subtiles. Dans une société où l'égalité, même illusoire, ne fait que les multiplier, elles attestent de l'impossible démocratisation du costume.

Mutation des apparences ?

Du reste, sur un registre toujours plus complexe, ces différences ne cesseront de remplir au XXᵉ siècle, leur fonction dis-
tinctive. Et aujourd'hui, à l'intérieur d'un marché du prêt-à-
porter généralisé mais multi-polarisé, ou à travers une mode
protéiforme mais plus ou moins rapidement suivie, le costume
continue d'offrir un décalque étonnamment suggestif du
champ des divisions sociales. Ce que la caricature ou la bande
dessinée — forçant le trait — évoque souvent avec sagacité[13].

Mais révélant d'autre part le clivage des classes d'âge et
des sexes, l'habillement semble traduire en ces domaines,
l'amorce de nouveaux courants. Tandis que la partition s'opé-
rait surtout entre le vêtement adulte et le vêtement enfantin
(singularisé depuis le XVIIIᵉ siècle, comme l'ont montré les travaux de Philippe Ariès), voilà qu'entre eux en effet s'intercale
une tenue « jeune » dont l'hégémonie tend à ronger leur parti-
cularité respective. Ainsi depuis ces deux dernières décennies,
l'enfant se voit reprendre en miniature l'apparence d'un
adulte, lui-même « juvénilisé ». Cependant, à mesure que
s'amplifie ce phénomène (lié sans doute à l'énorme poussée
démographique d'après-guerre et au marché qu'elle a engendré), s'atténue, et de façon presque aussi frappante, un dimorphisme sexuel installé, comme on l'a vu, depuis des siècles. Le
nombre des formes, des couleurs et des matières interchan-
geables ne fait donc que s'accroître, même si certaines pièces,
comme la robe ou la jupe restent fortement sexuées.

Les toilettes plus ajustées que justifiait la pratique de certains sports (comme le tennis ou le vélocipède vers 1880),
l'abolition du corset (durant la guerre de 1914) ou l'adoption
du pantalon (autour des années 1960) marquent quelques-
unes des étapes de ce renversement de tendance. Implique-t-il

pour autant une mutation en profondeur des comportements vestimentaires?

Graduellement délestées de leurs monuments textiles aux strates multiples et oppressantes, désencombrées, soulagées, les femmes découvrent des maintiens, des ports, des allures, jusque-là inconcevables. Les gestes enfin se délient pour de nouvelles activités, les démarches s'assouplissent pour de nouveaux espaces. Gardons-nous cependant d'y voir trop vite un affranchissement radical : quoique amoindrie, la valeur prestigieuse de l'entrave, par exemple, se retrouve dans la résurgence cyclique des hauts talons ou des jupes étroites, dans le maintien d'une coiffure soigneusement construite ou le contrôle d'un maquillage patiemment renouvelé. Et à travers ces incommodités ou ces vérifications inquiètes, on constate la pérennité du rôle de représentation qui les réclame. Sous d'autres formes et par d'autres atours, il s'étend même avec le développement du travail féminin qui exige souvent (chez les hôtesses d'accueil, les secrétaires, les vendeuses, etc.) cette prestation esthétique, ce labeur plastique, comme élément constitutif du standing de l'employeur, de sa devanture sociale.

Si le vêtement, enfin, n'exerce plus sur les corps un supplice concret, il n'implique pas moins, par ses formes canoniques exhibées sur les mannequins filiformes des vitrines et des magazines, une conformité anatomique qui s'érige, elle aussi, en modèle. Contribuant donc au décalage entre ce corps idéal et les corps réels, il culpabilise les détentrices de taille forte ou de proéminences excessives, les enjoint à la minceur et à son ascèse, à la ligne et à son éthique. De fait, il persiste à faire souffrir, mais abstraitement, à travers le martyre du régime notamment, comme un corset intériorisé.

NOTES

1. Vicomte G. d'Avenel, *Le Mécanisme de la vie moderne*, 4ᵉ série, Paris, Armand Colin, 1902, p. 61.

2. Voir à ce sujet François Boucher, « Les conditions de l'apparition du costume court en France vers le milieu du xivᵉ siècle » in *Recueil de travaux offerts à M. Clovis Brunel*, vol. I, Paris, Société de l'École des Chartes, 1955, pp. 183-192.

3. La « pose » prend d'ailleurs son acception dépréciative − de maintien ou de comportement affecté − autour de 1835 (cf. dict. Robert).

4. Th. Veblen, *The Theory of the Leasure Class*, New York, Macmillan, 1899 (*Théorie de la classe de loisir*, trad. L. Evrard, Paris, Galimard, 1970).

5. *La Famille Benoiton*, comédie en cinq actes, en prose, Paris, M. Lévy, 1866, p. 21.

6. *La Réforme par les dames*, Paris, J.-L. Paulmier, 1865, p. 23.

7. *Physiologie de la Parisienne*, Paris, Aubert et Lavigne, 1841, p. 112.

8. *Théorie de la démarche*, Paris, Pandora/Le Milieu, 1978 (1833), p. 60.

9. A la séance du 8 brumaire an II (29 octobre 1793), la Convention nationale décrète :

« Nulle personne de l'un ou de l'autre sexe ne pourra contraindre aucun citoyen ni citoyenne à se vêtir d'une manière particulière, chacun étant libre de porter tel vêtement et ajustement de son sexe que bon lui semblera, sous peine d'être considéré et traité comme suspect, et poursuivi comme perturbateur du repos public. » (*Le Moniteur universel*, première décade de brumaire, an II.) A noter que cette nouvelle « liberté du costume » ne s'étend pas au transvestisme.

10. Par la tradition des clans et de leur « guise », la Bretagne en revanche semble tirer l'originalité et la complexité de ses multiples costumes régionaux d'un passé beaucoup plus lointain. Cf. l'ouvrage de René-Yves Creston, *Le Costume breton*, Paris, Tchou, 1974.

11. *Manuel de l'homme et de la femme comme il faut,* 5ᵉ éd., Paris, M. Lévy, 1862, p. 138.

12. *Les Grands Bazars,* Paris, V. Havard, 1882, p. 167.

13. Voir à ce sujet, entre autres exemples récents, *La Demoiselle de la Légion d'honneur,* de Pierre Christin et Annie Goetzinger, Paris, Dargaud, 1980.

La maîtresse de maison

par Anne Martin-Fugier

Un modèle normatif de la femme au foyer s'élabore dans la deuxième moitié du XIXe siècle. Il prend corps surtout entre 1880 et 1914, période pendant laquelle prolifèrent des textes qui le mettent en scène : livres de conseils aux ménagères, journaux créés au début du XXe siècle, adressés aux femmes et aux jeunes filles, études sur la femme et la famille et, bien sûr, romans. Dans l'entre-deux guerres, les thèmes que nous allons évoquer seront si bien passés dans les mœurs que toutes les femmes — y compris celles qui travaillent hors de chez elles — auront à se situer par rapport au modèle de la mère au foyer-maîtresse de maison. C'est à ce titre que je citerai des textes des années 1920. Ce modèle joue comme référence pour toutes les classes de la société : il vaut aussi bien, avec quelques modulations d'ordre pratique, pour la grande bourgeoise que pour l'ouvrière.

Reine de l'intérieur

Maîtresse de maison, femme de ménage, femme d'intérieur, ministre de l'intérieur : tels sont les termes employés pour désigner la femme épouse-mère-maîtresse de maison. Elle ne travaille pas pour gagner sa vie, et pourtant sa vie est occupée, et même surchargée. Femme sans profession ? Oui. Femme oisive ? Sûrement pas.

Plusieurs raisons expliquent que tant d'énergie soit mise à définir cette femme modèle. D'abord, il y a crise du service domestique : comme il devient difficile de se faire servir, la maîtresse se met à endosser les rôles de la bonne. Ensuite, avec la création d'établissements d'enseignement secondaire pour les jeunes filles, en 1880, se formule la question : que leur apprendre ? Dans quel but ? Que leur proposer comme idéal ? Enfin, en cette période de triomphe du capitalisme, apparaît dans tous les domaines la notion de rentabilité, d'efficacité, d'utilité de l'individu par rapport à la société. La femme au foyer ne pouvait rester en dehors du mouvement qui tend à assigner à chacun un rôle bien précis : sa fonction devait être valorisée, d'autant qu'elle est utilisée comme un véritable rouage du progrès et de la propagation de mentalités nouvelles, et pas seulement comme le meilleur instrument de maintien des structures — qu'elle est toujours, bien entendu.

Le changement de régime politique en 1870 ne provoque pas de coupure dans le discours sur la femme. Au contraire, la IIIᵉ République reprend les thèmes du Second Empire, les orchestre et leur donne, pour ainsi dire, une sanctification laïque. Les manuels scolaires à l'usage des filles sont très éclairants sur ce point : s'ils ne citent pas Mgr Dupanloup, ils citent en revanche — et abondamment — toutes les dames qui ont écrit sur l'éducation depuis Mme de Maintenon, et des auteurs comme Jules Michelet ou Ernest Legouvé, qui sont « de fondation » quand on parle des femmes et de leur rôle. Legouvé écrit : « Le titre saint de mère de famille n'a longtemps représenté que des idées de dévouement et de tendresse. Une des œuvres de notre temps sera, je le crois, de faire voir qu'être mère et épouse ce n'est pas seulement aimer, c'est travailler. La maternité est une carrière, une carrière à la fois

publique et privée ; le mariage, une profession avec toutes ses
espérances et toutes ses occupations [1]. »

Ce que dit Legouvé du mariage et de la maternité va se con-
crétiser dans le personnage de la maîtresse de maison. Il se
définit dans un espace qui est l'intérieur. Deux voies mènent la
femme au territoire de l'intérieur : l'instinct naturel et le sens
de sa responsabilité dans la société. Tandis que l'homme s'épanouit sur la scène publique, la femme n'a à sa disposition
qu'un lieu pour exercer ses talents : l'intérieur, dont elle fera,
si elle sait s'y prendre, un « nid » pour sa famille. Elle peut,
bien sûr, trouver rétrécie la scène privée, c'est pourquoi il faut
lui en montrer l'étendue. Qu'elle la comprenne, et elle aura,
du même coup, le sentiment de l'importance et de la dignité de
sa tâche. Comme dans les coulisses d'un théâtre se prépare la
pièce qui va se jouer, dans le nid se mettent en place tous les
éléments qui permettront à la société de bien fonctionner,
c'est-à-dire d'assurer le bonheur général. La femme-épouse-
mère-éducatrice-maîtresse de maison n'apparaît pas sur le
théâtre, mais d'elle dépend tout ce qui s'y passe. Il est essentiel
qu'elle s'en persuade. Elle tient les rênes du « gouvernement
de l'intérieur [2] ».

Désir et devoir

« Je me ferais bien communarde, rien que pour faire sauter
toutes les maisons, les intérieurs de famille ! » s'écrie Marie
Bashkirtseff dans son *Journal* [3] (17 mai 1878). Et elle ajoute,
sensible à l'aspect mortifère de ce territoire : « On devrait l'aimer, son intérieur ; il n'y a rien de plus doux que de s'y reposer
[...] mais se reposer éternellement !... » L'ambivalence du destin de la femme est tout entière dans cette réflexion. Le
« nid » : source de vie ? N'est-ce pas aussi le lieu de l'ennui, et
de la mort lente ? Le spectre d'Emma Bovary rôde en chaque

femme, la menace vient du cœur même de la nature féminine, que l'on dit idéaliste, faible et changeante. C'est là qu'intervient la pédagogie : pour qu'une femme soit heureuse, il lui faut une mission à accomplir. « Le travail éloigne de nous trois grands maux : l'ennui, le vice et le besoin », affirmait le Turc à Candide, à la fin du conte. Assigner à la jeune fille le désir du foyer, et lui montrer que ce désir est non seulement bon naturellement, mais encore utile à la société, n'est-ce pas la garantir contre les états d'âme et les errances vagues et malsains ?

Le plus sûr est donc de lier de manière indissoluble désir et devoir, au point que l'on ne sache plus où finit l'un, où commence l'autre. Transformer le devoir en désir, et cela par le canal des femmes elles-mêmes, puisqu'elles sont — les discours sont ici unanimes — les premières éducatrices. A l'article « Ménage », le *Larousse du XIXᵉ siècle* cite Proudhon : « Les femmes n'aspirent à se marier que pour devenir souveraines d'un petit État qu'elles appellent leur Ménage. » La femme désire un territoire à elle, un espace où exercer son pouvoir. Il semble que la femme française soit particulièrement animée de ce désir, si l'on en croit, par exemple, Mme Héra Mirtel, qui, dans la revue *Mon Chez Moi*, trace le profil de la femme de chaque nationalité. Elle décrit la femme française comme « le type essentiel de la femme d'intérieur » (janvier 1909). Même si elle aime les mondanités, « son culte suprême c'est son chez-elle ». Et elle le comprend « à la façon dont les fanatiques vénèrent le sanctuaire confié à leur active piété. Ce sanctuaire est la maison blanche ou grise à la campagne, le nᵒ X de la rue Z à la ville où elle couve les siens : mari, enfants, petits-enfants, ses sujets, son œuvre, qu'elle encadre de son chez-elle, son motif de vivre ». C'est pourquoi on peut parler de « royauté du foyer », but et rêve de la jeune fille.

Vigilance

De ce domaine qu'elle aspire à diriger, la femme est responsable. Elle doit être active, avoir le goût du détail, et surveiller tout sans qu'il y paraisse. La maîtresse de maison parfaite est un peu fée : « Il semble qu'elle n'ait qu'à toucher les choses d'une baguette magique pour faire des miracles. Légère, souriante, elle expédie les besognes désagréables, sans qu'on sache même qu'elle y prenne part[4]. » Il faut donc qu'on sente sa présence, mais de manière presque abstraite. Ne doit rester que le résultat de ses efforts : le confort et le bonheur des autres. Les efforts eux-mêmes sont destinés à être effacés, et même — délicatesse suprême — ne pas être mentionnés.

La maîtresse de maison est responsable, et d'abord de l'attitude de son mari. S'il se montre indifférent, c'est sa faute à elle : elle a le tort de se laisser vivre, et ne se conduit pas en « économe de son bonheur[5] ». Ainsi *La Femme française* fait-elle la leçon à Jacquemine, qui se plaint du peu d'attention que manifeste son mari quand il est à la maison. Elle explique comment elle se pare pour son mari, comment elle veille à ce que le service soit parfait quand il est là : elle met des fleurs au moins devant son assiette à lui. Conséquence de ses efforts : l'époux se considère comme un invité, et s'interdit de fumer avant le dîner pour lui être agréable.

Pas question de laisser les enfants aux domestiques, ou la cuisine à la cuisinière. Rien ne vaut, pour garder un mari, de petits plats qu'on lui confectionne soi-même, et le sentiment d'une présence vigilante au foyer. L'épouse qui agit ainsi fait de son foyer un refuge, un asile : elle est la gardienne du couple en procurant à l'homme qu'elle aime « dans son intérieur un bonheur suffisant pour le garantir des tentations du dehors[6] ». C'est ce qu'écrit André Theuriet de Fanny Desrônis. Au début du roman, on voit le docteur Desrônis pleu-

rer la mort de cette femme chérie : « Elle était si nécessaire
à la maison qu'elle emplissait de sa gaieté et qu'elle diri-
geait avec tant d'activité et de bonne humeur ! On eût dit
qu'elle n'avait qu'à regarder les choses pour les mettre en
ordre. Les enfants l'adoraient et elle savait se faire obéir
rien qu'en levant le doigt. » Fanny était si bien sa gardienne
que, elle disparue, le docteur devient la proie de la première venue.

Diriger une maison réclame donc une autorité naturelle (il
faut savoir commander aux domestiques, se faire obéir d'eux et
des enfants) mêlée à la générosité et l'oubli de soi. Mais la
première qualité nécessaire à une maîtresse de maison est
l'ordre.

L'ordre

Il se manifeste non seulement dans le rangement — le
fameux « une place pour chaque chose et chaque chose à sa
place » —, la mise en ordre des pièces et surtout de ce qui ne
se voit pas : placards et armoires, mais aussi, et plus subtilement, dans l'emploi du temps et des finances du ménage.

A. — L'emploi du temps

Le lever matinal est la première règle que doit observer la
maîtresse de maison : à elle la mission d'être la première levée
et la dernière couchée, et cela afin de mener à bien sa tâche de
surveillance et d'encadrement. Traîner au lit apparaîtrait
comme un laxisme regrettable.

D'autre part, les journées doivent être planifiées. Le journal
L'Amie cite comme un modèle l'affirmation d'un auteur

anglais : la femme « doit être, comme l'horloge de la ville, d'une régularité parfaite [7] ». Aucune place pour la fantaisie ou l'improvisation. La baronne Staffe donne aux femmes le conseil suivant : « En se levant, on doit savoir comment on occupera sa journée, en dehors des occupations quotidiennes, pour lesquelles il est indispensable d'établir un ordre immuable [8]. » Quand on est jeune fille, il convient de s'exercer à établir et à respecter un emploi du temps, en vue de ses responsabilités futures. M. de Lassus souligne l'importance de la bonne répartition des tâches : il faut que Juliette — l'héroïne du *Bréviaire d'une jeune fille* — « fasse un règlement de vie, où tout son travail sera divisé. De la sorte il n'y aura ni encombrement ni perte de temps. Voilà que je vous livre le grand secret du bonheur, celui de la femme heureuse : ne jamais perdre de temps [9] ! »

S'il est nécessaire de planifier, c'est, bien sûr, pour gagner du temps — question d'organisation pratique : « On double sa vie en la réglant [10]. » Mais c'est aussi affaire de morale. *Après le Pensionnat*, au chapitre 4 de « La jeune fille et l'avenir », intitulé « occupations incessantes dans la vie du mariage », explique : « Une heure perdue, un devoir négligé sont rarement isolés, c'est la maille d'un tissu qui, déchirée et laissée ainsi, amène fatalement la déchirure d'autres mailles en grand nombre [11]. » L'homme a un emploi du temps qui lui est imposé par son travail, il est discipliné par sa situation dans la société. La femme, au contraire, doit s'imposer elle-même sa discipline. D'où la nécessité d'un emploi du temps établi une fois pour toutes et suivi à la lettre. Sa grille empêche toutes les failles. Qu'elle ne respecte plus cet emploi du temps, et c'est la porte ouverte sur le gouffre qui la menace : le laisser-aller, la négligence, le désordre. B. Jouvin ose écrire que le salut de la femme réside dans l'habitude : « Tout en nous doit être réglé non par la routine mais par la saine discipline des habitudes [12]. » C'est en effet la régularité qui nous conserve

intactes ! Les femmes qui s'ennuient le plus sont celles qui
vivent dans l'imprévu : le comble du paradoxe.

Les raisons d'efficacité pratique sont toujours mêlées de raisons morales, pour que la ménagère se fabrique un emploi du
temps et le respecte. Plus tard, après la guerre, on assiste à un
mouvement de mécanisation, de taylorisation du travail ménager : « Le ménage est comparable à une petite usine contenant
en réduction tous les services d'une grande entreprise concentrée en une seule main. Pour que chaque besogne soit exé-
cutée à son heure, dans les meilleures conditions possibles, il
faut que l'organisation ménagère soit une réalité [13]. » La maîtresse de maison doit, comme n'importe quel ouvrier, chercher
à accroître son rendement personnel. Pour ce faire, elle doit
apprendre à chronométrer ses différents travaux et réfléchir à
la manière de les exécuter en moins de temps. Se surpasser
elle-même, devenir un champion d'organisation scientifique :
tel est le but proposé à toute femme qui gère son ménage.

La femme disparaît alors sous l'emploi du temps, ne reste
plus que le rôle. Même celle qui peut se faire servir est invitée
à se contrôler en contrôlant sa bonne [14]. L'emploi du temps
pour toutes : mise au travail obligatoire de chaque femme.
Une remarque s'impose, à la lecture des emplois du temps pro-
posés aux ménagères : les loisirs eux-mêmes entrent dans la
recherche de l'efficacité de la femme. Paulette Bernège préconise le jeudi après-midi de libre, et le dimanche [15]. Elle appelle
ces moments sans tâche prévue du « repos », mais indique tout
de suite à quoi la ménagère doit consacrer ce repos : le jeudi, à
sortir avec les enfants ; le dimanche, à la famille. Elle recom-
mande aussi à la femme de faire une pause après le déjeuner,
de « passer un quart d'heure avec les siens dans un bon fau-
teuil », et, le soir, de terminer son travail à 8 heures : « De 8 à
10 heures, la ménagère peut vivre avec sa famille, lire, réfléchir, tenir ses comptes, s'entretenir avec son mari de la direction de la maison ou de l'éducation des enfants. » Et elle lance

un avertissement : « Beaucoup trop de ménagères ne réservent pas assez de temps à ces heures de loisirs *(sic)*, cependant si fécondes en bons résultats ; de ces heures dépendent la bonne marche de la maison et la bonne harmonie familiale. » Au temps *pour elle*, la bonne maîtresse de maison n'a pas droit. Et si on lui conseille parfois de garder un peu de temps pour lire, c'est dans un but précis : que son mari trouve en elle une interlocutrice acceptable. Temps inoccupé, mal employé, perdu : voilà contre quels maux lutte l'emploi du temps.

B. — *Le budget*

Contrôler les dépenses, veiller à acheter mieux en dépensant moins, faire scrupuleusement ses comptes, et réaliser ainsi des économies : mission de toute bonne ménagère. *Après le Pensionnat* rappelle que Voltaire offrit à sa nièce, à la veille de ses fiançailles, un livre blanc pour noter ses dépenses. Mais il n'en offrit qu'un ! On n'en compte pas moins de six dans la 4e leçon du *Foyer domestique*, d'Augusta Moll-Weiss, consacrée aux « livres de la ménagère [16] » : le livre de comptes, le livre de la blanchisseuse, qui permet de vérifier que la blanchisseuse rapporte bien les vêtements à elle confiés ; un carnet de divers (recettes de cuisine, de nettoyage, adresses, etc.) ; un livre d'inventaire, où l'on répertorie ce qu'on possède au départ, comme linge, vêtements, meubles, ustensiles variés, puis, à mesure, ce qui disparaît, ce qu'on renouvelle (ce livre est utile surtout aux changements de saison) ; le livre du médecin, où la ménagère inscrit les dates des maladies des membres de la famille, les ordonnances du médecin et les traitements à suivre ; enfin, le livre de factures. Écritures de femmes...

A partir de là, on peut encore raffiner. Proposer, par exemple, à la maîtresse de maison de noter dans un carnet de poche dont elle ne se sépare pas les dépenses à mesure qu'elle

les fait, puis, chaque soir, de les recopier sur un livre de
« dépenses journalières et du mois », enfin, chaque année,
d'établir, sur un troisième carnet, un compte général [17]. Voilà
de quoi occuper utilement son temps... Sous prétexte d'efficacité, la maîtresse de maison devient taillable et corvéable à
merci : son existence est de plus en plus envahie par une multitude de tâches et de responsabilités qui sont déclarées de première nécessité parce qu'utiles au fonctionnement de la cellule
familiale.

Simone de Beauvoir a bien montré ce que pouvaient coûter
les principes d'organisation et d'économie à une femme : l'in-
vestissement de sa vie entière, de tout son temps et toute son
énergie. Son amie, Élisabeth Mabille — Zaza —, fille de grands
bourgeois protestants, obtient du premier coup son certificat
de philologie, et c'est un exploit, car sa mère lui impose des
règles de vie qui l'empêchent absolument de travailler :
« Mme Mabille tenait l'épargne pour une vertu capitale ; elle
eût jugé immoral d'acheter chez un fournisseur les produits
qui pouvaient se fabriquer à la maison : pâtisserie, confitures,
lingerie, robes et manteaux. Pendant la belle saison, elle allait
souvent aux Halles, à 6 heures du matin, avec ses filles, pour
se procurer à bas prix fruits et légumes. Quand les petites
Mabille avaient besoin d'une toilette neuve, Zaza devait explorer une dizaine de magasins ; de chacun elle rapportait une
liasse d'échantillons que Mme Mabille comparait, en tenant
compte de la qualité de tissu et de son prix ; après une longue
délibération, Zaza retournait acheter l'étoffe choisie [18]. » Le
temps d'une femme peut donc être compté pour rien, si sont en
jeu les principes de gouvernement d'une famille. Il faut faire
des économies, il faut inculquer cette vertu aux filles : il n'y a
pas place ni temps pour un travail intellectuel quand le devoir
est là.

L'hygiène

« L'état sanitaire de la famille dépend, dans une large mesure, de la manière dont la ménagère nourrit, loge, soigne les membres de cette famille », écrit Augusta Moll-Weiss, dans le *Memento de la petite ménagère*. La maîtresse de maison est investie, à la fin du XIXe siècle, du rôle de gardienne de la santé. Au moment où s'installe l'obsession des microbes et de la poussière, de la saleté et de l'insalubrité qui permettent la propagation des maladies contagieuses, la femme apparaît comme un rouage essentiel de la lutte contre ces maladies.

Elle exerce une action préventive, en faisant régner la propreté dans la maison, et en mettant en application des principes d'hygiène et de diététique élémentaires. A cette action matérielle s'ajoute son action morale : elle veille à ce que les personnes de sa famille mènent une vie régulière et heureuse. C'est pourquoi, paraphrasant : « Les femmes font et défont les maisons », A. Piffault peut écrire : « Les femmes font et défont les santés [19]. » C'est surtout dans les classes populaires que les femmes vont avoir une influence décisive, engagées au corps à corps dans la lutte contre la tuberculose et l'alcoolisme. Combien de descriptions de foyers accueillants qui attendent l'ouvrier au retour de son travail ! La mère est là, entourée de ses enfants, la propreté et la chaleur règnent, la soupe sent bon : le père n'a pas envie d'aller au cabaret.

La femme a toujours eu à voir avec la maladie. Tous les discours la déclarent « garde-malade de la famille », car elle est animée d'un instinct de charité et de dévouement — Mme de Rémusat parlait de la « vocation de sœur grise [20] » commune à toutes. Mais, pour qu'elle devienne réellement auxiliaire du médecin, il lui faut recevoir une formation : c'est le but que poursuivent les rubriques « Causerie du Docteur » dans les journaux[21] ou les manuels destinés aux ménagères dont une partie se compose de dialogues avec le médecin[22].

C'est, en général, la ménagère des classes populaires qui est mise en scène comme élève et interlocutrice du médecin. Mais la tradition est bourgeoise. Dans *La Femme du XXᵉ siècle*, de Jules et Gustave Simon, le médecin s'adresse à la femme du monde, à la fois professeur et ami, témoin privilégié de sa carrière de mère : il lui donne des conseils depuis la naissance de sa fille jusqu'à son mariage. L'hygiène n'est pas, dans ce cas-là, un instrument de lutte contre l'ignorance populaire, la mortalité ou les taudis, mais, même pour les femmes du monde, elle doit être « la science par excellence », puisque c'est « celle qui les attache au foyer, qui rend plus passionnant encore leur rôle de mère[23] ». Cette définition fait suite à un rappel à l'ordre de la femme du monde : « elle se considère plutôt comme un ornement que comme l'éducatrice, la conseillère et la consolatrice dans le foyer domestique ».

Pédagogue de la vertu

A la maîtresse de maison incombe de faire régner l'ordre et la propreté, mais ces termes, qui évoquent une mission matérielle, véhiculent toujours les valeurs morales correspondantes. Le rapport entre propreté physique et pureté morale est parfois nettement indiqué : à propos du nettoyage des vêtements, Julie Sevrette affirme « tache au-dehors, tache au-dedans[24] ». Marcel Prévost établit le lien entre l'ordre dans l'esprit de Françoise, sa jeune héroïne, et l'ordre de sa chambre, de son pupitre, de ses vêtements[25]. Mais souvent, la femme se voit exhortée de manière grandiose : elle est la vestale du foyer, la prêtresse du « home », la reine de la ruche. Si elle a le sens de ses devoirs, elle sera le « trésor de la famille[26] » ; sinon, sa ruine. Marie de Grand'Maison, dans sa

préface au *Trésor du Foyer*[27], s'attache à montrer le rôle civilisateur du foyer. L'agent de ce courant civilisateur ? La maîtresse de maison. Augusta Moll-Weiss parle de la science
domestique comme d'un moyen d'éducation sociale : « La
maîtresse de maison tient dans sa main l'avenir de la famille et
de la nation[28]. »

La maîtresse de maison est donc la gardienne de la prospé-
rité familiale et nationale. Elle doit être un modèle de perfection, s'identifier à sa mission, et pour cela il faut lui en montrer la grandeur. Une femme, parce qu'elle est mère, ou professeur responsable de l'éducation des filles, ne peut faillir :
c'est par les femmes que passent les valeurs de maintien. Que
le modèle manque à ses devoirs, et c'est le malheur assuré pour
la fille. Ainsi l'héroïne de Camille Marbo, Hélène Barraux[29],
rate-t-elle son existence parce que le désordre-laxisme de sa
mère lui fait horreur : elle est incapable de gérer un budget,
vit d'expédients, a des amants. Désordre généralisé. Débâcle.

Le vrai travail de la femme est, par son exemple et ses
leçons, de préparer sa fille à son futur rôle. Cette tâche
réclame toute son énergie et son attention. C'est pourquoi on
peut affirmer qu'une femme du peuple, obligée de travailler et
ignorante, n'est pas une véritable femme de foyer : « La vraie
ménagère, par tout ce que ce mot implique de supérieur et de
bienfaisant, c'est la femme élevée par une mère *qui a le temps*,
et qui donne ses loisirs, et qui laisse de son âme dans cette éducation[30]. » L'éducation d'une fille demande la mise à mort de
sa mère en tant qu'individu, et son assimilation totale au rôle
qu'elle doit transmettre.

« Maîtresses de maison sociales[31] *»*

L'action de la ménagère populaire se situera dans le cadre
de son foyer, mais la femme bourgeoise a d'autres devoirs

encore. Si elle a la chance d'avoir plus d'argent, plus de temps, plus d'éducation, elle n'a pas le droit d'en jouir égoïstement ; elle a, envers la société, une responsabilité. Elle doit donc pratiquer une philanthropie militante. Donner de l'argent n'est pas suffisant : il lui faut donner de son temps et de sa présence. Se répand l'idée du service social de la femme, sur le modèle du service militaire de l'homme. Le « vrai féminisme », lit-on dans *La Femme française*, serait « que les femmes riches ou aisées, jeunes filles ou vieilles filles, épouses d'hier ou mères déjà, prennent la tête du mouvement d'assistance mutuelle et du relèvement de la femme par la femme »... (8 mars 1903).

L'action sociale de la femme est à l'ordre du jour : on le voit bien dans le succès des cours d'enseignement ménager pour jeunes filles et femmes du monde. Il s'agit, dit la comtesse de Diesbach, fondatrice des cours de la rue de l'Abbaye, d'inculquer aux femmes de l'élite « la connaissance de la valeur du travail », de leur apprendre à gouverner leur intérieur et « sans déchoir s'incliner vers les déshérités de ce monde[32] ». Des conférences sont faites sur ce thème, auxquelles il est à la mode d'assister : « Pendant l'hiver 1900-1901, des équipages en grand nombre encombraient, à certains jours, à partir de 3 heures, une des rues de la rive droite à Paris, et venaient s'arrêter devant l'hôtel de la baronne X., où des centaines de dames, appartenant à l'élite sociale, se réunissaient pour entendre des conférences sur l'action sociale de la femme[33]. » Émile Cheysson, dans une conférence sur « l'enseignement ménager et la question sociale[34] », définit ainsi le devoir social de la femme : « Contribuer à l'amélioration de la situation morale et matérielle des travailleurs en même temps qu'au rapprochement des classes. » Le contact avec les pauvres représente un véritable moyen de rédemption, comme le dit un moraliste aux femmes du monde : « Mesdames, purifiez vos mains chargées de perles et de diamants ; qu'elles s'emploient désormais à habiller ceux qui ont froid; qu'elles ne craignent ni la rudesse des étoffes à coudre, ni la monotonie de la besogne[35]. »

Jusqu'à la guerre de 1914, existaient quantité d'œuvres de charité qu'animaient bénévolement des « dames » : par exemple, les œuvres d'Assistance par le Travail, qui avaient une implantation dans chaque arrondissement de Paris. Mais surtout beaucoup d'œuvres où l'on allait visiter les pauvres, leur apporter des vêtements ou de l'argent pour leur permettre de payer leur loyer et d'éviter d'expulsion (« l'Abri »). Certaines philanthropes introduisaient même la notation dans leurs entreprises — des assistées, bien sûr, pas des dames! Ainsi Mme M. L. Bérot et son œuvre « La joie de vivre », à Saint-Quentin. Les dames allaient en visite chez les pauvres deux ou trois fois par mois, à l'improviste; elles leur mettaient des notes : 1, 2 ou 3, selon l'ordre de leur chambre. A la fin de l'année, on attribuait des primes aux ménagères dont les maisons étaient reconnues les plus propres, quelle qu'en soit l'indigence[36]. L'œuvre devient concours de propreté, avec distribution des prix.

Qu'une femme attente à son rôle, renie ses devoirs de maîtresse de maison au nom d'une destinée individuelle à accomplir, et c'est la fin de la famille. De plus, la malheureuse court à sa perte. C'est ce que met en scène Colette Yver dans un roman paru en 1907, *Princesses de science*. Thérèse Herlinge, fille d'un célèbre professeur de médecine, a fait de brillantes études médicales. Une femme médecin, pourquoi pas? à condition de rester célibataire. Mais Thérèse accepte d'épouser un de ses condisciples qui l'aime. Et c'est la catastrophe, car il n'est pas question pour elle d'abandonner son métier. D'où une maison qui va à vau-l'eau, des domestiques mal surveillés, un coulage effroyable, un mari mécontent parce que mal nourri et mal servi, un enfant enfin qui meurt en nourrice, faute du lait et des soins de sa mère.

Un beau jour, bien sûr, le mari trouve chez une autre femme la présence consolante que son épouse ne lui a jamais accordée, la chaleur d'un foyer et un cœur de mère (elle est veuve et ne vit que pour son petit garçon). C'est alors que la malheureuse Thérèse fait, bien tard, le sacrifice qu'elle aurait dû consentir au début de son mariage : elle renonce à sa carrière.

Que n'a-t-elle pris modèle sur sa mère! Elle qui se voulait semblable à son père n'a pas compris que, pour satisfaire l'homme qui partage sa vie, une femme réussit beaucoup mieux en tenant sa maison et en lui étant une douce présence qu'en cherchant à l'égaler dans la réussite professionnelle hors de la maison. Le professeur Herlinge tenait à grand prix les dîners de son épouse, où elle déployait, muette, tous ses talents de maîtresse de maison. A bon entendeur...

NOTES

1. Ernest Legouvé, *Histoire morale des Femmes*, livre V, chapitre III, 5e édition, Paris, 1869.
2. C'est le titre de la 7e partie du livre d'Augusta Moll-Weiss, *Memento de la petite ménagère*, Paris, 1921.
3. Marie Bashkirtseff, *Journal* (2 tomes), Paris, 1887.
4. Baronne Staffe, *Mes secrets pour plaire et pour être aimée*, édition

revue et augmentée, Paris, 1896. Deuxième partie : « Pour être aimée », La grâce morale.

5. *La Femme française dans la famille et dans le monde*, n° 1, 8 décembre 1902, rubrique *La Femme française chez elle*, « Conseils à une amie » — et la suite dans les numéros 2 et 3, 8 janvier 1903.

6. André Theuriet, *Tante Aurélie*, Paris, 1921, 2e partie, chapitre I.

7. *L'Amie*, n° 10, mars 1902, « Sagesse d'outre-Manche ».

8. Baronne Staffe, *La Femme dans la famille*, s.d., II : L'épouse.

9. M. de Lassus, *Bréviaire d'une jeune fille*, Paris, 1911, chapitre XV.

10. Julie Sevrette, *La Jeune Ménagère*, Paris, 1904, 1re partie, chapitre XIX.

11. *Après le Pensionnat*, par l'auteur des *Paillettes d'or*, Avignon, 1902-1905.

12. B. Jouvin, *Pour être heureuse*, Paris, 1907.

13. Mme Belime-Laugier, *Ce qu'il faut savoir pour bien tenir son ménage*, Paris, 1925, chapitre I.

14. Augusta Moll-Weiss, *Madame et sa bonne*, Paris, 1925. Le livre porte en sous-titre : « Comment former une bonne à tout faire en s'éduquant soi-même. »

15. Paulette Bernège, *De la méthode ménagère*, 2e édition, Paris, 1934 (la première date de 1928), 5e leçon : « Analyse et synthèse des travaux ménagers. »

16. Augusta Moll-Weiss, *Le Foyer domestique*, Paris, 1902, 1re partie, 4e leçon.

17. *Journal de l'Université des Annales*, n° 5, 27 février 1907 : « Les comptes d'une maîtresse de maison. »

18. Simone de Beauvoir, *Mémoires d'une jeune fille rangée*, Paris, 1958, 3e partie. (Elle évoque, à cet endroit du livre, l'époque de ses dix-sept ans, 1925.)

19. A. Piffault, *La Femme de Foyer*, Paris, 1908, 1re partie, chapitre IX, « L'hygiène ».

20. *L'Éducation des Femmes*, cité par A. Piffault, *Ibid.*, chapitre X, « La médecine élémentaire ».

21. Exemples : *La Mode pratique*, revue de la famille, n° 4, 1892 ; *La Femme au foyer*, journal populaire de la famille, n° 1, novembre 1902.

22. Exemple : Mme Valette, *La Journée de la petite ménagère*, Paris, 1898.

23. Jules et Gustave Simon, *La Femme au XXe siècle*, Paris, 3e édition, 1892, « Hygiène d'hier ».

24. Julie Sevrette, *ut. sup.*, 1re partie, chapitre XVIII.

25. Marcel Prévost, *Lettres à Françoise*, Paris, 1902, XVI.

26. Clarisse Juranville, *Le Savoir-faire et le Savoir-vivre*, Paris, 25ᵉ édition, 1879, articles 16 et 18.

27. Marie de Grand'Maison, *Le Trésor du Foyer*, Paris, 1925.

28. Augusta Moll-Weiss, *Le Livre du foyer*, Paris, 1910.

29. Camille Marbo, *Hélène Barraux, celle qui défiait l'amour*, Paris, 1926.

30. « L'éducation ménagère », article de Dick May (pseudonyme de Mme J. Weill), in *Revue philanthropique*, 10 avril 1898.

31. Anna Lampérière, *La Femme et son pouvoir*, Paris, 1909.

32. *L'Enseignement ménager*, nº 2, avril 1904 ; nº 6, août 1904.

33. J.-B. Piolet, in *Le Correspondant*, 10 juillet 1902.

34. Émile Cheysson, *Œuvres choisies*, tome II, Paris, 1911.

35. Cité par Marie Dorand dans son article « Lettre à une jeune femme » in *La Jeune Fille française*, 15 novembre 1902.

36. M.-L. Bérot, *Le Conseiller du bonheur social ou Moyens d'être heureux*, s.l.n.d (1905?).

MAÎTRISES

Femmes rurales

par Martine Segalen

Femme en coiffe et en sabots, femme à la louche et au seau, la femme rurale est avant tout une active qui ne connaît de cesse, de la cuisine au jardin, de l'étable au lavoir et souvent aux champs.

Une travailleuse acharnée dont l'activité n'est pas aussi valorisée que celle du maître? Une femme puissante, crainte, qui assure son pouvoir sans en avoir l'air? La situation de la femme paysanne est placée sous le signe de l'ambiguïté. Entre les discours tenus à son propos — de l'extérieur par les folkloristes, ou de l'intérieur par les proverbes — et la pratique que les observateurs ethnologues, pinceau ou crayon à la main, rapportent, on constate un écart important.

Au XIXe siècle, les folkloristes ne conçoivent les relations mari et femme qu'en termes de hiérarchie et de subordination. Écoutons Abel Hugo, auteur d'une *France pittoresque* qui voit partout des femmes inférieures et infériorisées, quelle que soit la région qu'il étudie.

A propos de la Mayenne :
« Vivant toujours seul, n'ayant point avec les autres hommes de ces relations journalières qui modifient et adoucissent le caractère, le paysan bas manceau montre

dans toutes ses manières, une véritable sauvagerie [...].
La manière de vivre de ces paysans est rude et laborieuse,
leurs mœurs sévères. Les relations de travail entre les
deux sexes n'engendrent point de ces abus et ce relâchement qu'on remarque ailleurs ; mais les femmes y sont
tenues dans une infériorité qui rend souvent leur condition misérable. La femme d'un maître-fermier ne se croit
pas le droit de donner des ordres aux garçons laboureurs,
pas même à ses fils quand ils sont sortis de l'enfance. Si
elle devient veuve, bien rarement elle reste à la tête des
affaires ; ou elle se remarie, ou elle quitte sa ferme, à
moins qu'un de ses enfants ne soit d'âge à prendre la
direction des travaux du dehors. Ainsi dans toutes les
habitudes de la vie, les femmes tiennent une place subor-
donnée : durant le repas, elles ne prennent point place à
table à côté des hommes, excepté le jour où elles parta-
gent leurs fatigues, comme au temps de la moisson, ou
bien dans les occasions solennelles, les jours de noces, de
baptême, etc. ; mais d'ordinaire, elles mangent debout ou
assises dans un coin à l'écart, s'interrompant sans cesse
pour servir les hommes [...]. Les femmes de paysans
vivant ainsi dans une grande dépendance et ne sortant
jamais du cercle de leurs occupations casanières contrac-
tent une sorte de sauvagerie et de timidité qu'elles ne
cherchent même pas à surmonter. Elles sont cependant
bonnes, douces, charitables et intelligentes, et dans les
malheureuses guerres civiles qui ont désolé le départe-
ment, elles ont souvent fait preuve de courage, de
dévouement et de vertu[1]. »

Dans la Sarthe, il dépeint une situation analogue :
    « Les vieilles mœurs se conservent dans ce pays ; le dic-
ton, du côté de la barbe est la toute-puissance, garde
encore toute sa vertu. La fermière qu'on appelle la maî-

tresse, et qui nomme son mari son maître, quelque lasse qu'elle soit ne s'assied jamais à table avec ses domestiques mâles. Elle leur fait la cuisine, les sert et mange debout, ainsi que toutes les femmes ou filles sans exception. Le maître est à table avec les hommes et mange à la gamelle comme Abraham avec les serviteurs et les esclaves. Si la maîtresse accouche, on demande : " Est-ce un gars ? " Quand le contraire arrive, on dit : " Ouen, ce n'est qu'une créature " (une fille) [...]. Voici qui nous ramène aux mœurs des Hurons et des Iroquois. Il y a trente ans (les mœurs ont gagné depuis), on soignait mieux la vache et la jument que la femme et la fille. Si l'une des deux bêtes était malade, on allait vite chercher le vétérinaire et les remèdes ; si la femme ou la fille était alitée, on disait : " J'espère (pour je crois) qu'elle en mourra ", et on laissait la pauvre créature se débattre avec la fièvre et son pot de cidre[2]. »

Notables locaux, bourgeois tenants d'une culture qu'ils ne savaient pas relativiser, ces folkloristes, dont les textes sont pourtant précieux à bien des égards, jugent la condition féminine selon leur propre code ; aujourd'hui on les accuserait d'ethnocentrisme. Toutes les tâches qui incombent à la femme dans la société rurale, cuisiner, laver, entretenir le linge, soigner les enfants, sont en effet confiées dans la société bourgeoise à des bonnes, salariées et inférieures. La femme rurale n'échappe donc pas à cette catégorisation. L'exemple du service de table est tout à fait révélateur. Les folkloristes sont choqués de voir la femme servir debout le repas aux hommes, puis prendre ensuite son repas seule ou avec les servantes de la maisonnée. Ils ne comprennent pas que tenir le repas chaud et prêt exige une organisation qui ne se juge pas en termes d'inférieur ou de supérieur, mais en termes d'efficacité.
Les observations des folkloristes se trouvent confortées par

la production d'un discours interne, essentiellement sous la forme de proverbes, qui renforcent l'image d'une femme infériorisée, soumise, même si elle se montre parfois rétive.

« L'homme est indigne de l'être,
Si de sa femme il n'est le maître. »
« Le chapeau doit commander la coiffe. »
« Quand la femme est maîtresse à la maison,
Le diable y gouverne... »

A y regarder de plus près, une telle image de la femme rurale ne résiste pas à l'analyse. Les proverbes eux-mêmes, dans leur subtilité, les enquêtes directes sur le terrain, font apparaître, au contraire, une femme puissante et crainte. Puissante parce que les tâches qu'elle accomplit sont complémentaires de celles des hommes et indispensables à la bonne marche de l'exploitation ; crainte parce que cette puissance peut se renforcer d'une domination : la femme a le pouvoir de mettre le monde à l'envers.

A la ferme ou dans l'échoppe de l'artisan, le travail repose sur une complémentarité des activités masculines et féminines. On en veut pour preuve la fréquence des remariages de veufs, dans la société ancienne. Une femme est indispensable dans ce foyer confondu avec l'unité d'exploitation. Contrairement à ce qu'on peut penser, elle ne manque pas tant pour les soins aux jeunes enfants dont sa mort fait des orphelins. Le réseau d'entraide familial et amical est secourable dans ces circonstances ; non, s'il faut une femme, c'est pour accomplir les tâches domestiques qui sont interdites aux hommes, c'est pour le travail qu'elle fait aux champs ou dans l'atelier.

Chercher l'eau, allumer le feu, préparer les repas des hommes et des bêtes, fabriquer les tissus, entretenir le linge, nettoyer la maison... Tâches qui sont par essence féminines, parce qu'elles sont interdites aux hommes, et tout homme a besoin d'une femme à la maison afin de ne pas avoir à accomplir ces gestes-là. Ainsi s'expliquent les couples qui ne sont pas toujours mari et femme, mais fils-mère, frère-sœur, père-fille, maître-servante. Les observateurs, qu'ils soient du XIXe siècle ou du XXe siècle, considèrent les tâches domestiques comme improductives, et par conséquent secondaires, leur appliquant le schéma de la famille bourgeoise qui fait de l'homme un producteur, et de la femme une consommatrice. Dans la société rurale d'autrefois, il n'en est rien : le travail que la femme accomplit à la maison entre dans le cycle de la production, comme la culture ou l'élevage.

En effet où introduire une coupure, lorsque d'un même geste la femme prépare les repas de la maisonnée et cuit le barbotage des cochons ? Est-elle domestique cette production féminine à la basse-cour ou au jardin dont les produits, vendus sur les marchés, apportent souvent les seules ressources monétaires régulières de la maisonnée ? L'intégration entre famille, lieu de production et de consommation, maisonnée, est si étroite que la classification en catégories appliquées de l'extérieur n'a guère de sens. De plus, dans la hiérarchie des tâches, tout ce qui est entretien de la maisonnée, balayage, époussetage, entretien des meubles et des sols n'occupait pas la place qui lui est dévolue aujourd'hui. Par contre, la quête de l'eau, souvent plusieurs fois par jour, la préparation des repas, les petits lessivages du linge consomment du temps. La femme va au jardin, son domaine réservé, comme au poulailler et à l'étable où la traite des vaches lui incombe généralement. Plus souvent qu'on ne l'a dit, elle va aux champs donner le coup de main lors des grands travaux agricoles mais aussi pour les travaux de préparation du sol.

Rôles masculins et féminins, dans la société rurale, s'inscrivent donc sous le double signe de la séparation et de la complémentarité. Tout ce qui est du ressort de la maison dépend de la femme, et les proverbes le disent bien :

« Une bonne femme fait une bonne maison,
Une méchante femme la ruine. »
« A la maison et au jardin, on connaît ce que femme
                                          [vaut. »
« On dit bien vrai qu'en chaque saison,
Les femmes font et défont les maisons. »

Le travail féminin indispensable s'inscrit dans les rôles qui, plus largement, sont dévolus à la femme au sein de sa maisonnée. Protectrice du foyer, elle doit accomplir des gestes rituels pour préserver les siens contre les dangers d'une vie et d'une nature qui semblent toujours menaçantes.

Ces rites se situent aux moments importants du calendrier cérémoniel, à Noël, ou aux Rameaux. Dans un même geste, la femme étend la protection du buis bénit sur les morts et les vivants. Ainsi, dans le Mantois et le Vexin : « Aux Rameaux, la ménagère confectionne des couronnes de buis ; elle les fait bénir et à la sortie de la messe, elle les dépose au cimetière sur la tombe des membres de sa famille ; elle rapporte aussi des branches de ce buis qu'elle fixe au-dessus de la porte du logis et dont un brin est réservé pour l'eau du bénitier de faïence accroché au-dessus du lit conjugal [...]. Le Samedi saint, la ménagère se rend à l'église pour chercher de l'eau bénite, nouvellement consacrée. Elle verse une partie de l'eau dans le bénitier, l'autre sera conservée dans un flacon. Une aspersion d'eau bénite préserve de l'incendie et éloigne le tonnerre en temps d'orage[3]. » En Touraine, les champs, le cheptel et même les outils de travail bénéficient de cette bénédiction. « En rapportant de l'église les bouquets de rameaux bénits, " la bourgeoise " les partage et les laboureurs vont en planter des branchettes sur chaque champ ensemencé. Les vachères en mettent aux portes des écuries, les bergers en plantent au-dessus des râteaux. La fermière en décore le vieux bénitier accroché au-dessus de son lit[4]. »

Protéger le foyer, c'est aussi savoir se montrer accueillante aux pauvres hères qui courent la campagne et dont on ne sait jamais de quel maléfice ils sont porteurs : recevoir le voisin qui passe, entretenir l'ouvrier agricole qui sinon répandra des bruits défavorables sur la maisonnée. La réputation de la maison est entre les mains des femmes ; à elles de savoir respecter le code de l'honneur domestique dont elles sont les garantes, comme l'époux en est le garant à l'égard de l'extérieur lorsqu'il se rend dans les lieux publics, forge ou café, ou bien à la foire. La puissance féminine se mesure donc en premier lieu à l'ampleur des tâches matérielles qui lui sont dévolues, et aux rôles qu'elle assume au sein de la maison. Une femme puissante est aussi une femme crainte, et cette crainte s'inscrit moins dans les tâches matérielles que dans les pouvoirs dont sont porteurs son corps[5].

Les proverbes se font l'écho de cette angoisse, que leur dureté à l'égard des femmes est peut-être moyen d'exorciser.

« *Il n'est pas de vice que les femmes*
et les ivrognes ignorent. »
« *Femme sans vice, curé sans caprice et meunier fidèle*
                        [c'est miracle du ciel. »
« *Des femmes et des chevaux,*
il n'en est point sans défaut. »

La puissance féminine, protectrice et défensive, peut se retourner et devenir destructrice et maléfique. Elle peut s'attaquer aussi bien aux voisins qu'au mari lui-même et à la maisonnée. Cette puissance est d'autant plus redoutée que la femme utilise les objets du quotidien pour truchement symbolique de ses maléfices. On passe insensiblement de l'image de la bonne épouse à celle de la sorcière ; la bonne mère ménagère filant auprès du berceau devient sorcière chevauchant sa quenouille ; la cuisinière nourrisseuse prépare ses décoctions magiques ; les laveuses se transforment en « maoues noz », « femmes de nuit » dont on dit en Bretagne qu'elles font des lessives pour expier un crime grave commis au cours de leur existence[6].

Le corps féminin, discipliné par l'éducation et socialisé par le mariage, n'en reste pas moins mystérieux et inquiétant pour l'homme. Dans la pensée traditionnelle, la femme reste un être de nature dont le corps connaît des cycles comme il y a des lunaisons et des grossesses qui sont autant de dérèglements[7]. On en redoute aussi les excès et notamment les excès sexuels qui s'inscrivent parmi les pouvoirs maléfiques qui agressent l'homme. Dans ce domaine, nous n'avons guère d'informations directes, les folkloristes se sont auto-censurés et la société villageoise n'est guère bavarde sur ce sujet. Par contre, tout un langage symbolique, notamment par le biais du discours proverbial, reflète la hantise d'une femme trop amoureuse :

> « *Quand la poule recherche le coq,*
> *L'amour ne vaut pas une noix.* »
> « *Un coq suffit à dix poules,*
> *Mais dix coqs ne suffisent pas à une femme.* »

A travers la métaphore de la poule et de la basse-cour, les proverbes soulignent les appétits sexuels féminins. A ces séductrices qui veulent réduire la puissance masculine par la puissance de leur corps, la société promet une mort violente car leur charme comporte un réel danger de subversion et promet l'avènement d'un monde à l'envers :

« Des femmes qui sifflent, des poules qui chantent comme les coqs, des coqs qui font les œufs, il faut s'en défaire le plus vite qu'on peut. »

À la crainte du corps féminin s'ajoute la crainte du groupe des femmes. La norme suggère que les femmes doivent toujours rester chez elles : elles y sont assez occupées, et courir dehors entraînerait une négligence des tâches du ménage :

« Femme coureuse, soupe froide. »

Cependant les femmes ont à sortir de chez elles, pour accomplir à l'extérieur certaines des tâches qui leur sont dévolues. Au four, au lavoir, à l'épicerie, elles retrouvent les autres femmes. Autant que cuire le pain, laver le linge, acheter le sucre et le café, ces lieux servent à se rencontrer. Il n'existe pas pour la femme de lieu de sociabilité pure, comme pour les hommes. Elles sont exclues du café, de la forge, absentes des associations, la plupart du temps masculines, qu'il s'agisse des chambrettes, des confréries, des associations de jeu, de musique, etc. Pour être ensemble, il leur faut un prétexte laborieux.

Rien n'est plus craint, n'est plus perçu comme excluant qu'un groupe féminin assemblé au lavoir ou au four. Les femmes ensemble parlent, critiquent, dénoncent, injurient, calomnient, tissent les histoires de famille, creusent les rivalités, et par là elles assurent toute la part des relations sociales qui passe par une parole violente et médisante dont elles semblent avoir le monopole. La puissance collective du groupe féminin menace la société masculine dans son existence même par la nature des propos qui sont mis en jeu.

Les folkloristes, sensibles à cette exclusion et à cette menace, s'en défendent en retour en portant un jugement méprisant sur l'assemblée et sur les sujets de conversation abordés au four et au lavoir, comme pour en rabattre l'importance et exorciser la crainte qu'ils en ont. Les femmes « aiment beaucoup ces jours-là (réunions de travail) ; ce sont pour elles de véritables parties de plaisir que de passer ainsi quelques heures ensemble, sans autre occupation que de vociférer à qui mieux mieux, les nouvelles vraies ou fausses du pays. Le four, comme le lavoir, devient alors une école de médisance et de commérages et l'on ne trouve plus que des femmes dans ces Bretonnes dont le caractère a quelque chose de mâle lorsqu'il faut travailler ou souffrir[8]. »

Ainsi la femme a le pouvoir d'agresser le monde des hommes qui est un monde à l'endroit où domine le masculin, le pouvoir de mettre ce monde à l'envers. Elle peut notamment mordre sur les espaces traditionnellement réservés aux hommes. Si les tâches, les rôles, les espaces féminins sont tabous pour les hommes, la réciproque n'est pas vraie. Dans certaines circonstances la femme peut aller à la foire, mener des pourparlers qui engagent la réputation de la maisonnée : bref se comporter en homme. Ce comportement n'est pas autorisé à n'importe quelle femme. La veuve, la femme âgée dont le corps a oublié ses cycles, sont plus souvent admises dans le domaine masculin.

Dans la société rurale du XIXe siècle, toutes les femmes n'ont pas les mêmes droits et les même pouvoirs : on ne peut dresser un portrait féminin rigide et unique. Selon son âge, son statut, mais aussi selon la région où elle demeure, selon la nature de l'activité principale de sa maisonnée, sa place sera différente. La paysanne, pas plus que l'ouvrière ou la bourgeoise, n'est fixe, socialement et historiquement.

Distinguons d'abord les étapes du cycle de la vie familiale au cours duquel les travaux féminins varient en nature et intensité. La fillette est initiée aux côtés de sa mère aux tâches qui seront les siennes plus tard, comme elle est initiée aux tra-

vaux du sol. Jeune fille, elle ira aussi souvent aux champs, garder les vaches ou les moutons, seconder les hommes dans les
travaux d'entretien du sol, ou au moment des récoltes ou des
vendanges ; femme, son domaine sera restreint autour de la
salle commune-cuisine avec ses annexes, le potager et la basse-
cour ; vieille femme, elle sera déchargée de ses responsabilités
majeures et retrouvera les tâches secondaires de l'enfance,
auprès de ses petits-enfants qu'elle élève souvent. Ces temps de
la vie féminine interfèrent avec les stratifications sociales.
Quelle distance entre la maîtresse d'une grande ferme et la
journalière agricole ! La première s'appuie sur une équipe de
domestiques, hommes et femmes ; les servantes la secondent
auprès des enfants en bas âge, auprès des fourneaux, ou pour
la traite, les petites lessives et les tâches les plus fatigantes
comme la quête de l'eau. La seconde est contrainte à un travail quotidien, chez les autres. Traînant toujours un mioche et
une vache avec elle, elle va « en journée », quêtant un salaire
quotidien, un peu de lait pour son enfant, et un peu d'herbe
pour sa vache. Les régions où dura tard une importante pauvreté gardent encore aujourd'hui le souvenir de ces femmes
mi-journalières, mi-mendiantes, obtenant quelques sous, des
pommes de terre et du lait, en échange d'une lessive à la
rivière ou d'une prière marmonnée entre les dents.

Cependant qu'elle soit maîtresse, servante ou journalière, la
femme rurale est intégrée à une unité de production agricole
qui obéit aux mêmes normes, qui observe la même ségrégation
des espaces, les mêmes conduites au-delà des différences. Mais
la femme rurale n'est pas toujours paysanne. Aux XVIIe et
XVIIIe siècles, plus qu'au XIXe siècle au cours duquel l'industrialisation fit disparaître l'artisanat rural, les ménages paysans
complétaient des revenus agricoles insuffisants par une
industrie à domicile, tissage, coutellerie, ferblanterie, etc., qui
étaient souvent leur activité principale. Comme pour l'agriculture, le travail artisanal féminin se caractérise par une conti-

nuité relative entre tâches domestiques et tâches de production. De plus, il est fondé, peut-être plus étroitement encore que le ménage agricole, sur le couple mari et femme : tisserands attachés chacun à leur métier, le mari tissant le lourd drap d'Elbeuf et la femme les mouchoirs de fil sur un métier plus léger, équipes conjugales de coutelliers... Les normes villageoises continuent de gouverner ce ménage qui s'intègre dans la culture paysanne dont il est un tenant, mais parfois les rôles traditionnels se trouvent renversés par les nécessités techno-économiques. Dans le Dauphiné, les femmes gantières devaient travailler tard le soir pour finir un ouvrage, bien chichement payé d'ailleurs ; les maris faisaient alors cuire la soupe et s'occupaient des enfants en bas âge. Parfois les femmes d'artisans assuraient l'écoulement de la production, livraient aux marchands, commandaient les matières premières : elles investissaient les rôles et les tâches jusque-là réservés aux hommes. Cette autonomie féminine ne connut d'ailleurs pas de suite, la société ouvrière s'organisant sur des bases toutes différentes.

Maîtresse ou servante, paysanne ou artisane, femme du Nord et femme du Sud. A la liste des facteurs qui contribuent à donner un profil différent à la femme rurale, s'ajoute le facteur culturel. On ne peut brosser ici qu'un tableau très grossier de ces oppositions qui sont à la fois de principe et fort subtiles. Nous abordons ici au champ des normes, souvent distant des comportements, mais au moins aussi signifiant pour la société, à un niveau autre de son fonctionnement. Ainsi dans un Sud qui remonterait jusqu'au Massif central et parfois jusqu'aux pays de Loire, la femme est nettement secondaire ; c'est une femme effacée, renfermée en sa maison, exclue du patrimoine par une dotation, transportée de la maison du père à celle du beau-père. L'influence du droit romain y est encore sensible. Dans le Nord au contraire, les filles ont en principe un droit égalitaire à l'héritage ; elles sont plus libres d'investir le dehors que ne le sont leurs compagnes du Sud. La femme bretonne semble à cet égard avoir une place privilégiée, allant à la foire, assumant la représentation du ménage lorsqu'il y a des démarches administratives à accomplir, héritière sur un pied d'égalité avec ses frères. Là encore on peut y voir la trace très ancienne du droit : la femme occupe une place égale à celle de l'homme dans le droit celte.

La situation de la femme rurale, avec ses traits caractéristiques et ses différences, selon que l'on évoque son état social, la taille de l'exploitation où elle travaille, la région de France où elle demeure, conserve une relative unité. Entre toutes ces paysannes ou artisanes se tisse un lien qui les unit comme des sœurs au-delà des différences et à travers le temps. Le modèle décrit semble en effet pertinent pour une période historique qui s'ouvrirait à la fin des grandes mortalités, au début de la mise en place d'un régime contraceptif, vers le milieu ou la fin du XVIIIᵉ siècle (encore que cela varie considérablement selon les régions) et qui irait jusqu'à la grande cassure de la Première Guerre mondiale. Cette période a coutume d'être appelée celle de la « société traditionnelle » : c'est l'apogée de la société rurale et de la femme rurale en particulier, l'éclat de ses meubles encaustiqués, l'envolée de ses coiffes et de ses costumes qui font d'elle le symbole d'une époque prospère. La Première Guerre mondiale marque la rupture de la situation traditionnelle de la femme rurale. Le temps des hostilités, la paysanne assume les travaux que faisaient les hommes avec les machines dont on disposait à l'époque, puis elle retrouve vite une place qui va aller se dégradant.

Entre les deux guerres, la main-d'œuvre agricole disparaît brutalement, la distance entre le confort des installations ménagères en ville et à la campagne s'accroît, les familles rurales émigrent, la culture paysanne est rejetée, méprisée. Plus que par le passé les femmes se trouvent asservies à leur exploitation, sans l'aide des servantes qui sont allées s'employer à la ville, et sans l'aide de leurs filles qu'elles ont encouragées à partir pour ne pas reproduire leur dure existence. La situation de la femme rurale entre les deux guerres est donc critique. Critique et paradoxale : les agricultrices restées à la ferme poussent leurs époux à moderniser l'exploitation, mais cette modernisation va se retourner contre elles. On investit dans le matériel et les bâtiments mais on néglige la maison : dans les exploitations remembrées, au matériel agricole nombreux, coûteux et sophistiqué, les femmes se trouvent exclues des tâches qui seules sont maintenant réputées productrices. Elles sont les victimes d'une modernisation dont elles ont été en grande partie les agents.

Les changements techniques entraînent ainsi un bouleversement profond des rôles et des tâches : c'est aujourd'hui et non autrefois qu'il y a prééminence du mari, dans la mesure où il est le « chef » de l'exploitation, et que priorité est donnée à l'exploitation qu'il faut sans cesse moderniser, restructurer. Loin d'être des compléments de leurs époux, les agricultrices sont confinées au rôle de « bouche-trou », sans cesse à la disposition de la ferme pour tous les incidents quotidiens ; elles sont aussi prolétarisées, devant expédier les produits sur un train de halle qui n'attend pas. Leurs tâches maternelles deviennent conflictuelles avec leurs tâches de production : il faut traire à l'heure où les enfants rentrent de classe ; on ne peut emmener un bébé dans une porcherie ou un atelier d'emballage des légumes.

N'ayant rien gagné avec la modernisation des exploitations agricoles, les femmes rurales ont de plus perdu leurs espaces traditionnels de sociabilité ; tout le monde a une machine à laver le linge : finies les causettes au lavoir. Une maison toujours plus propre, comme l'exigent les médias, se paie du prix d'une solitude d'autant plus difficile à supporter que les femmes qui ont épousé des agriculteurs souhaitent être des femmes actives.

Dans la mesure où l'agriculture agit sur les rythmes naturels, créant de nouvelles productions, tentant de repousser le déterminisme des saisons et des climats, la femme a cessé d'être un être de nature et un être craint. Elle a perdu sa puissance dès lors qu'elle n'a plus été redoutée.

Comme pour la paysanne de la société traditionnelle, le portrait de la femme rurale contemporaine mériterait d'être nuancé selon le type et la nature de l'exploitation agricole dans laquelle elle vit, la région où elle demeure, encore ou non empreinte des modèles culturels anciens. De la femme d'exploitant agricole vivant dans une grande propriété beauceronne, à celle d'un fermier breton qui ne cultive que vingt-cinq hectares, la marge est grande. Les catégories se brouillent aussi du fait des nouvelles relations villes-campagnes : lorsqu'on vit cinq jours sur sept dans une H.L.M. de la ville, occupant un emploi qui ne satisfait guère, et que toute la vie culturelle et de relation prend place à la campagne, au cours du week-end, est-on une femme des villes ou une femme des champs ? Peut-on aujourd'hui encore parler d'une spécificité de la femme rurale [9] ?

NOTES

1. Abel Hugo, *France pittoresque*, Paris, Delloye, 1835, t. II, pp. 234-235.

2. *Id.*, *ibid.*, t. III, pp. 74-75.

152 MAÎTRISES

3. Eugène Bougeatre, *La Vie rurale dans le Mantois et le Vexin au XIXᵉ siècle*, Meulan, 1971, p. 178.

4. Jacques-Marie Rouge, *Le Folklore de la Touraine*, C.L.D. Normand, éd. 1975, p. 178.

5. Yvonne Verdier, *Façons de dire, façons de faire*, Paris, Gallimard, 1978.

6. Paul Sebillot, *Le Folklore de France*, Paris, E. Guimoto, 1904, t. II, p. 49.

7. Yvonne Verdier, « Les femmes et le saloir », *Ethnologie française*, 1976, 3-4, pp. 349-364.

8. Alexandre Bouet et Olivier Perrin, *Breiz-Izel ou la Vie des Bretons de Basse-Armorique*, Paris, rééd. Tchou, 1970, p. 170.

9. Martine Segalem, *Mari et femme dans la société paysanne*, Paris, Flammarion, 1980.

Une gynécologie passionnée

La carrière de Michelet surprend de s'écarter soudain, au début des années 1840, d'un modèle éprouvé qu'elle avait paru suivre jusque-là avec docilité : les études historiques et l'Université s'étaient révélées en effet, entre 1815 et 1830, pour les Cousin, les Guizot, les Villemain, une voie royale conduisant aux plus hauts grades de l'État. Michelet, professeur au Collège de France, part en guerre contre les Jésuites et semble abandonner les ambitions prudentes du fonctionnaire au bénéfice des joies démagogiques que donne le rapport direct avec l'immensité d'une clientèle démocratique. Son anticléricalisme n'est pas, comme celui de Napoléon ou de Victor Cousin, le signe d'une rivalité âpre et secrète entre deux appareils hiérarchiques, État contre Église. C'est à la base, au sein de chaque famille populaire, dans le cœur des épouses et des filles trop facilement séduites, que Michelet veut déposséder le prêtre et le remplacer. La haine de l'Église ne sera pour lui que l'autre face d'un véhément amour du *peuple*, de la *femme*, de la *Nature*, termes équivalents.

Michelet défendait passionnément dans la Révolution le moment où le peuple français coïncida spontanément avec son essence éternelle : moment rare, où une « certaine idée » de la France et l'expression politique de la nation ne se distinguent plus, moment qui mérite bien d'être appelé fête, fête de la Fédération. Il existe un type de démocrate qui croit fanatiquement que son pays doit avoir absolument la liberté d'être... ce qu'il *doit* être. Banal escamotage de la liberté changée en devoir! Pourtant, fin 1847, quand Michelet, dans la rédaction de son *Histoire de la Révolution*, en arrive à cet épisode sacré, la Fédération, dont le récit ne pouvait être pour lui que la plus sereine des célébrations, un souci, une gêne le brident, et sa joie se fane. Il s'interrompt pour rédiger les cinquante pages d'éclaircissements qu'il appelle *De la méthode et de l'esprit de ce livre*. C'est qu'après la Fédération, il sait que la Terreur n'est pas loin. Transformation monstrueuse qui lui est insupportable! Il sent que quelque chose se joue en cet instant qui frappe de dérision radicale sa profession de foi démocratique. D'où la colère sublime et désespérée avec laquelle il part en guerre contre la notion de Salut public, masque éternel de la Raison d'État et de la tyrannie. Mais il ne trouve, à opposer au Salut public, que l'essence profonde du peuple et le sentiment de la justice, pure lumière au cœur de chaque homme, et abstraction digne du spiritualisme le plus anodin. C'est que Michelet n'est pas libre du côté du peuple, puisque son peuple n'est pas libre, figé dans une essence, dans une fidélité à ce qu'il doit être, la France, la Révolution, un héritage... déjà, comme chez Barrès! Un héritage ou un principe, la Fraternité, la Justice, mais jamais une communauté en train de se faire, dans l'erreur peut-être pour l'historien philosophe, mais au moins dans le simple respect de *procédures*, certes peu exaltantes, mais qui ménagent, justement, la possibilité de revenir sur les erreurs... Le peuple, divinité contraignante, mais divinité toujours trahie, se transforme obscurément en une instance culpabilisante. Pour échapper à la faute, il faut *en être*, du peuple, et, par cette participation, absous, blanchi, absolument. Pourtant, il ne vient pas à l'esprit du grand historien qu'il puisse *en être tout simplement*, individuellement, sans manifeste ni bulletin d'adhésion, un citoyen parmi d'autres. Non, il en sera splendidement, en s'évadant de sa petite personnalité haïe (forcément égoïste, pécheresse, etc.), et en s'identifiant, rien de moins, à la totalité de sa divinité : sauvé s'il devient le Peuple tout entier, coupable s'il « retombe » à l'individualité : « Hier, anniversaire de la mort de mon père. Rarement plus abattu moralement. Tendance à l'individualité, appel de la généralité, mais impasse. » (*Journal*, 19 novembre 1847.) Ainsi prélude, quelques jours après la rédaction de *De la Méthode...*, l' « admirable » méditation du 20 novembre 1847. Si je mets des guillemets à « admirable », c'est que j'essaie de mon mieux de ne pas trop admirer cette prodigieuse effusion de culpabilité. Michelet se prépare à sa grande prédication religieuse, à sa grande prédication *anti*chrétienne par le même sentiment qui force le pécheur aux églises. Évidemment il ne dit pas : « j'ai péché » — bien qu'il le dise, aussi, certainement, et le ressente avec horreur, mais, pour lui, ça ne serait pas dire *assez*. Il faut, de l'horreur inguérissable d'être soi-même, une expression mille fois plus radicale : j'ai péché, je pèche, chaque fois *que je suis moi*, que je redescends à l'individualité[5]. L'ancienne morale, s'adressant à l'individu coupable, reconnaissait au moins qu'une *personne* était en perpétuel jugement. La nouvelle morale est bien plus cruelle : il faut supprimer la personne et ne laisser que le Jugement qui institue l'universel devoir (« Force singulière de la nature, richesse de la pauvreté, santé de la souffrance »). Voilà sans doute la raison du ton euphorique des prédications de Michelet : ce n'est pas une personne qui parle, mais le devoir, agile et guilleret comme un cantique de l'Armée du Salut.

Dans cette voie pénitente, il n'y a que le premier pas qui coûte, et, ce premier pas accompli, les bénéfices affluent. Car enfin *qui* (puisqu'il n'y a plus personne) aura l'autorité de dire le Devoir ? Certes on pourrait décider de baptiser devoir tout ce qui déplaît à l'individu. Mais cela ne serait pas sérieux,

ce serait réinstaller l'individu au centre de tout, comme une
sorte de martyr-roi. Il faut donc donner du devoir une formu-
lation sortie de l'ordre des choses, universelle et naturelle.
L'Histoire ne suffit plus, elle est (elle *était* au temps de Michelet) trop personnelle, mais un discours existe heureusement en
ce milieu du XIXe qui réunit ces caractéristiques d'être imper-
sonnel, rationnel, objectif, c'est le discours de la science. Il est
aussi hélas, dans certaines de ses versions, rigoureusement
amoral, ne disant rien du devoir ni des valeurs. Ce sera donc
la tâche d'une prédication progressiste de rendre ce discours
chaleureusement philanthropique : la figure du médecin, du
guérisseur trouvera là son utilité première.

En même temps qu'apparaît le médecin, une insoluble question se pose : qui est malade? A la lecture de cette fameuse
méditation du 20 novembre 1847 on serait tout près de
répondre irrévérencieusement : celui-là justement qui éprouve
le besoin de nier sa personne parce qu'il n'arrive pas à nier ses
désirs, et qui bâtit cette immense machine ascétique aux
dimensions de la civilisation. Ce serait donc celui qui prétend
investir le médecin d'un grand rôle et d'un immense pouvoir,
celui-là même qui va être tenté — et qui ne se contentera pas
d'être tenté — de jouer au médecin, qui serait aussi le malade.
Sans doute, mais, pour l'instant, la question ne sera pas posée.
Plus tard, un roman de Zola, le dernier de son grand cycle, *Le
docteur Pascal*, la posera avec beaucoup de clarté, mais en
l'escamotant assez vite dans l'impossibilité d'apporter une
réponse. Comment le héros philanthropique reconnaîtrait-il
qu'il est malade, c'est-à-dire qu'il souffre, et qu'il agit motivé
par cette souffrance, *égoïstement*, alors qu'il n'est devenu phi-
lanthrope que pour mieux s'ignorer, pour mieux décider qu'*il*
ne comptait pas, que seul l'altruisme, le devoir...? D'ailleurs,
des malades, on en trouve, et sans difficulté : le peuple, malade
de l'ignorance et de la misère; la civilisation, malade d'un *excès*
de progrès; la race, *menacée* de dégénérescence. Tout cela est

fort banal, Michelet n'est pas le seul à avoir monté cet hôpital, les médecins n'avaient d'ailleurs pas besoin qu'on leur souffle la manœuvre. L'invention de Michelet est plus discrète, et, il me semble, plus poétique : elle consiste dans la « découverte » d'une maladie qui atteste la santé, une nature malade qui appelle certes une *assistance* médicale, mais qui l'appelle avec un rayonnement ineffable et chaleureux car, dans sa faiblesse, elle est la vie même, et cette nature radieuse et blessée, souffrante et triomphante, c'est la nature de la Femme, la Femme-nature.

Un chapitre des *Déracinés* de Maurice Barrès a pour titre *« Un hasard que tout nécessitait »*. J'oserai appliquer ce titre au mariage de Michelet avec Athénaïs Mialaret, et même à cet accident, tout à fait imprévisible j'en conviens, et qui, tenant à l'intimité d'Athénaïs dans ses derniers retranchements psycho-somatiques, rendit pendant un an le mariage impossible à « consommer ». Cette énigme, patiemment interrogée, conduisit Michelet — puisque la solution ne pouvait être trouvée empiriquement et qu'il fallait, en tiers, l'intervention de la Science — dans un endroit qu'il connaissait bien, la Bibliothèque. Celle-ci est tout autant archive de la nature que de l'histoire des hommes, et le mari intrigué y consulta cette fois des planches anatomiques. Sa curiosité dépassa de beaucoup et tout de suite le problème concret qui *semblait* avoir motivé son enquête. Dédaignant les obstacles purement externes qui, dans la *pratique*, le retenaient, il alla droit au cœur des choses :

> « Rien ne m'impressionna plus, cette semaine, que la vue des planches anatomiques. J'en fus ému extrêmement, croyant voir des portraits, le portrait intérieur de la personne que j'aime tant. J'en fus touché et attendri. La forme de la matrice surtout, si délicate (et visiblement d'une vie élevée) entre tant de parties rudes en comparai-

son, faites pour l'usage habituel, la fatigue et le frotte-
ment, — la matrice, dis-je, me pénétra d'un attendrisse-
ment religieux. Sa forme est déjà d'un être vivant et ses
appendices (trompes, ovaires, pavillon) sont d'une forme
délicate, tendre, charmante et suppliante, on le dirait ;
faible et forte à la fois, comme d'une vigne qui jette ses
petites mains, ses doigts délicats autour de son appui. O
doux, sacré, divin mystère !

18 juin 1849.

De là cette conclusion : « L'homme est un cerveau, la
femme une matrice » (29 juin 1849 — conclusion bien vite
confiée à l'épouse, lors d'une promenade « le long de la
rivière » : confidence ou offre d'un traité ?).

On a cruellement analysé la conduite de Frédéric Moreau,
le héros de *l'Éducation sentimentale*, telle que Flaubert l'imagine *sans commentaire*, lorsqu'il doit faire franchir à son personnage le cap historique, le moment de vérité que furent, au
centre de gravité du siècle, les Journées de juin 1848. Frédéric,
militant distrait, s'absente dès les premiers grondements d'une
émeute qu'il ne voit pas et file à Fontainebleau avec Rosanette. De ce côté-là au moins il est dans le net, il emporte la
jeune fille pour lui seul, il a tranché les « compromissions ».
Fontainebleau, pour les amants touristes, c'est d'abord un
château à visiter et — pour Frédéric seul — l'Histoire vécue sur
le mode érotique : grandeur et mort, rêve, luxure et passion —
façon de remettre Rosanette à sa place après lui avoir concédé
trop d'importance ; façon aussi de remettre à sa place l'histoire
vulgaire, celle qui se fait dans la quotidienneté contemporaine.
Puis, Fontainebleau, c'est conjointement un parc, la forêt, la
traversée d'une forêt : une lente purification par la solitude à
deux, le dépouillement des déterminations sociales, l'oubli du
regard des autres, le jeu de l'idylle repris dans la disponibilité

retrouvée d'une fraîcheur première, les vacances... Cela finira comme toutes les vacances, la satiété venue, par la lecture d'un journal, le retour des « obligations » historiques, militantes, fraternelles avec juste assez de *retard* pour que la mauvaise foi les colore de véhémence. Plus tard, Rosanette sera enceinte, le bébé mourra bientôt et, au bout de cette aventure, il n'y aura plus, comme « souvenir », qu'une croûte de Pellerin représentant le petit mort, empoussiérant et nullifiant ce qui aurait dû être l'avenir.

Si j'ai rappelé cet épisode c'est qu'il réapparaît bizarrement semblable dans la vie de Michelet. Sans doute, les dates, les séquences s'ajustent moins bien, les leçons surtout sont différentes, mais les événements sont les mêmes, comme si, par une étrange ironie, le destin, pour des sens contrastés, offrait à l'arrangement un matériau identique.

Aux Journées de juin, Michelet réagit non par l'absence, mais par une sorte de *fébrilité pédagogique désespérée* : éduquer le peuple, voilà le premier, le plus urgent objectif, mais comment se faire entendre, comment se faire lire (projet d'une *Librairie* républicaine — l'entrepreneur privé est plus efficace que le fonctionnaire — assistée de colporteurs en province, tirage d'affiches avec des textes très simples, en gros caractères, illustrés...). On voit que celui qui renonce à son moi ne renonce pas à s'emparer des autres — au nom de l'amour évidemment — et l'attitude de Michelet envers le peuple est la même qu'envers la femme : valoriser, réglementer. L'arrivée d'Athénaïs, le mariage permettront bientôt de passer à l'application et les cours de 1849 et de 1850 mélangeront l'amour et l'éducation, la femme et le peuple. Michelet ayant par amour et patience gagné le plein exercice de ses droits conjugaux, Athénaïs se trouve enceinte. Le bébé meurt quinze jours après la naissance et, mélancoliquement, on en tire un plâtre. Et puis, à deux, on part pour Fontainebleau, voyage dont le *Journal* recueille les deux leçons opposées : le château, la forêt, l'Histoire, la Nature. Un bébé mort, un château visité, une forêt traversée, rien ne change et pourtant tout est différent. Là où Frédéric est si faible, si condamnable, Michelet reste constamment « admirable ». Tout s'achevait chez Flaubert sur un cadavre dérisoire, tout commence ici, tout rebondit avec lui[2]. On part pour Fontainebleau *après la mort de l'enfant* : et ce départ est déjà une consolation, un renouvellement. Se retremper dans le passé qui parle au travailleur (« Où vais-je? Grâce à Dieu mon chemin est tracé. Fils du travail, j'ai travaillé toujours et je vais au travail encore... »); se retremper dans la nature toujours jeune dont aucune mort individuelle ne saurait ternir la fraîcheur amoureuse. La cure ne fait pas attendre longtemps ses effets : « Jamais plus amoureux d'elle; et elle si dévouée! Pénible effort pour satisfaire les moins raisonnables idées. Revenu à 6 heures de Fontainebleau. Combien mieux chez nous! » — 8 septembre 1850.

Sept ans plus tard, on retournera à Fontainebleau (« Je ne l'ai bien connue qu'ici, à Fontainebleau »). Moment sublime : l'Histoire et la Nature *au fond* ne s'opposent plus, la sensualité et l'idée ne sont que deux formulations du même élan de créativité virile. Grès, terreau, chair de femme, tout est sable — non pas écoulement de néant, mais matière à creuser, à fouiller, matériau pour bâtir. La plus belle page de Michelet :

> « Je trouvai une extrême concentration dans la nature, que je n'eus jamais à ce point. L'histoire m'y est presque impossible. D'abord, un parfait isolement, le bonheur de n'être pas connu et de ne connaître personne. Ensuite *une* âme, *une* personne, une seule, une concentration de vie, d'habitude qui fortifie encore l'affection la plus forte. Je jouissais d'elle ici bien plus profondément que je ne fis jamais à Paris, et d'une manière à la fois plus voluptueuse et plus haute. En cette personne innocente, si intelligente (avec tant d'enfance), pure lumière

et toujours vierge, j'aimais, admirais, possédais, tranchons le mot : je *baisais* la nature.

. . . .

Je creusai, avec une suite et une fécondité que je n'eus jamais, même pensée, même forêt, même amour (femme et nature, tout identique) dans l'approfondissement de la jouissance. J'étais mieux, j'étais avide. Plus je jouissais du dessus, plus je désirais le dessous. J'aurais voulu, sous la forêt des feuilles si magnifiques et si charmantes, fouiller la forêt des racines, les *subterranea regna* mystérieux et non moins vivants. On peut dire même que le grand mystère est ici dans la profondeur. Grès et sable, c'est la contrée même et le vrai peuple est celui qui, dans le sable, avec le sable, fait les innombrables cités. »

Journal, 17 août 1857.

L'individualité est chérie mais, en même temps, elle gêne : jouir de la nature jusqu'aux racines, n'est-ce pas aller bien plus profond que la personne? Certes, on ne peut jouir de la Grande Nature que sous l'espèce de la petite, la « chère mie ». Mais ce qu'on veut atteindre, déchiffrer, dans la chère mie, n'est-ce pas un texte bien plus enivrant, bien plus grand que sa petite personne, si adorée soit-elle? Ne faudrait-il pas la déplier tout entière dans un irréparable saccage amoureux :

« Le contact d'intime intimité où je me trouve, cet été, avec cette personne charmante, ma femme et mon doux apôtre dans la religion de la nature, a augmenté, il est vrai, mon avidité pour son corps, l'appétit de sa jolie chair, délicate et maladive. Je tourne autour et je voudrais y entrer par tous les pores. Je souffre de la barrière que Dieu met à nos désirs. A chaque porte, nous nous trouvons arrêtés presque dès le seuil. Partout nous rencontrons l'impénétrabilité de l'existence individuelle. Nous touchons, nous n'entrons pas. »

Journal, 21 août 1857.

Impossible désir et qui serait aisément fatal à la charmante créature qui l'inspire : docile, elle a beau tout montrer, il faudrait pouvoir tout ouvrir. L'individualité ici est un obstacle pour des raisons très différentes de celles qui la rendaient haïssable au moraliste. Fort opportunément, la Science offre un relais, les savants généreux dans la froideur ascétique de leurs grands laboratoires ont pu, sur les tables à dissection, amener au grand jour les secrets de la vie, faire rayonner le mystère de l'Œuf. Sa curiosité, il importe de le souligner, n'est absolument pas vécue par Michelet comme subversive ou dangereuse, bien au contraire. Quel que soit le point de culpabilité irrité et enflammé qui déclenchait l'effusion pénitente du 20 novembre 1847, ce n'est pas ici qu'il faut le chercher — sauf à lier la culpabilité et sa dénégation. Car, pour Michelet, le culte rendu aux sources maternelles de toute vie est profondément lié à sa propre vocation humanitaire et progressiste. Il l'a dit bien avant de rencontrer Athénaïs (dès son livre sur *Le prêtre, la femme et la famille*) : « Je me sens profondément le fils de la femme. » Athénaïs a répondu à tout ce qu'il espérait d'elle en l'appelant, dans un instant d'épanchement sensuel : « mon fils ». Il ne s'agit nullement de s'absorber dans un asile, d'y plonger dans une langueur bienheureuse, mais au contraire de reprendre force et inspiration pour les combats du monde : « Dieu est une mère » dit Michelet, et encore : « Règle générale, à laquelle du moins je n'ai guère vu d'exception, les hommes supérieurs sont tous les fils de leur mère. » Tocqueville nous avait avertis que, dans les siècles démocratiques, se trouve rompu l'hommage filial et féodal au père, au chef militaire du lignage, et qu'il est remplacé, eh bien, par cela même que Michelet indique et invente, l'hommage de l'enfant méritant, de l'enfant qui s'est fait seul, fils de ses œuvres pour le bien du monde, à cette fécondité originelle, tendre, aimante, charitable, chaleureuse, puissante, radieuse, mais aussi faible et humiliée — fragile témoin à racheter de sa déchéance et à remettre sur son trône — et qu'il appelle sa mère. L'œuvre de science — et singulièrement l'œuvre biologique et médicale — œuvre des nobles fils aux fronts de penseurs et de philanthropes dévoilant les secrets de la vie, fait retour en action de grâces à celle qui la donna [3].

Redevenu, avec les avantages de l'âge, de la vaste culture, un « jeune marié », Michelet se trouve, par rapport à la science de la vie, dans la situation d'un missionnaire, d'un herméneute et d'un expérimentateur. Aucun conflit entre l'observation biologique et la pédagogie conjugale : l'adoration, l'éducation et la recherche se lient harmonieusement. Le regard de Michelet peut aller des planches anatomiques au corps de sa femme sans que celle-ci s'en trouve humiliée ou se sente moins aimée. Les femmes sont sottes d'opposer le regard de l'amant et celui du gynécologue. Dans le cas de Michelet tout au moins, plus vive est l'attention scientifique, plus fort l'enthousiasme amoureux. L'équilibre n'est pas moins parfait dans les échanges pédagogiques : l'épouse met le mari à l'école de la nature, elle lui apprend, elle lui laisse lire ce grand texte dont elle est porteuse, mais inversement, faible petite personne, page vierge si vite tournée, elle a besoin du viril Gutenberg qui l'imprimera. Admirable unité d'une vie diverse mais sans contradiction : la Science, l'Histoire, le mariage, le populisme républicain, l'anticléricalisme militant, le culte du progrès et de la vie, autant d'entreprises qui se renforcent l'une l'autre et s'unissent dans un même combat. Comprenons bien : aucune de ces tâches ne s'oppose à une autre et toutes s'harmonisent, mais seulement par la médiation irremplaçable et exclusive de Michelet. Car pour le reste ! quand, avec sa femme, à Fontainebleau, il visite le château, c'est bien sûr lui tout seul, comme Frédéric, qui fait, *in petto*, pour le *Journal*, les commentaires qui s'imposent. La synthèse édifiante du monde a besoin, pour s'opérer, de la personne éminente, de la personne coupable du génie.

Parmi les savants qui sont ses garants et ses inspirateurs, Michelet va privilégier — et ce n'est guère surprenant — ceux qui étudient les mystères de la génération, les mystères jumelés de la fécondation et de l'hérédité[4]. Comme référence à sa passion, il convoque tous les spécialistes de l'ovologie et de l'embryologie contemporaines, Négrier, Baër, Pouchet, Coste et Gerbe. A lire les travaux de Pouchet, on ne peut s'empêcher de penser qu'il y a vraiment, entre le physiologiste et l'historien naturaliste, un autre exemple de hasard nécessaire, de coïncidence attendue, et l'on ne sait lequel des deux discours fait le meilleur accueil à l'autre, de cette idéologie qui appelle la caution de la science, ou de cette science qui s'offre à l'idéologie. Car la gynécologie de Pouchet est indiscutablement une gynécologie militante. La science ondoie la femme et la nettoie des stigmates accumulés criminellement sur son corps par des siècles de superstition cléricale, par l'interminable concile des hommes en robe dont le pouvoir s'était assuré sur son humiliation. La chimie analyse le sang des règles et le trouve tel que tout autre sang[5], non plus liquide magique, liqueur de sortilège et d'envoûtement. La physiologie, démontant le mécanisme de la crise mensuelle, le découvrant semblable à l'irritation, à l'engorgement qui détermine le rut des animaux, fait éclater le profond naturalisme de la femme, messagère dans la société d'une véritable sommation, d'une véritable revendication de la nature, d'une mobilisation pour le devoir le plus sacré, le devoir envers l'espèce, et révèle son double caractère de grandeur naturelle et de fragilité individuelle. Le titre même de l'ouvrage de Pouchet naturalise et animalise la femme de la façon la plus formelle : *Théorie positive de l'ovulation spon-*

tanée et de la fécondation des mammifères et de l'espèce
humaine basée sur l'observation de toute la série animale,
Paris, 1847[6]. La fécondité de la femme est permanente, régulièrement et infiniment régénérée, essentielle, autonome, indépendante de l'intervention masculine qui ne peut qu'activer,
que réaliser une fertilité latente qui préexiste et se renouvelle
inlassablement de la puberté à la ménopause :

> « V[e] LOI FONDAMENTALE. Dans toute la série animale,
> incontestablement l'ovaire émet ses ovules indépendam-
> ment de la fécondation.
>
> . . . .
>
> « Dans la cinquième loi, nous nous sommes appliqué à
> démontrer incontestablement que, dans toute la série
> animale, l'ovaire émet ses ovules indépendamment de la
> fécondation. C'était là le point capital de ce travail.
>
> « Pour y parvenir méthodiquement, il n'y avait que
> deux choses à prouver, savoir : que dans tous les ani-
> maux, les œufs s'engendrent dans les ovaires sans l'in-
> fluence du mâle, et qu'ils sont ensuite expulsés spontané-
> ment par ces organes. »

Pouchet, op. cit., p. 452.

La finalité procréatrice du désir[7] est fondée de la manière la
plus irréfutablement physiologique, puisque la menstruation
est assimilée au rut des animaux :

> « VIe LOI FONDAMENTALE. Dans tous les animaux les
> ovules sont émis à des époques déterminées, en rapport
> avec la surexcitation périodique des organes génitaux.
>
> VIIIe LOI FONDAMENTALE. La menstruation de la
> femme correspond aux phénomènes d'excitation qui se
> manifestent à l'époque des amours chez les divers êtres

de la série zoologique et spécialement sur les femelles des
mammifères. »

. . . .

« EXPOSITION. L'étude de la physiologie comparée
démontre évidemment que la menstruation de la femme
correspond exactement aux phénomènes fondamentaux
dont l'appareil génital des divers animaux est le siège à
toutes les époques de la reproduction. Cet acte est même
parfaitement identique avec l'excitation périodique qui
se manifeste chez les femelles des mammifères. Sur l'espèce humaine, comme sur ces animaux, il offre les mêmes
phases, les mêmes résultats.

Chez les mammifères, ce sont exactement les mêmes
phénomènes qui constituent l'époque appelée rut. Il y a
aussi un énorme afflux de sang vers les organes géni-
taux ; émission sanguine plus ou moins apparente à leur
surface, développement d'un certain nombre de vésicules
de De Graaf et expulsion de leurs ovules. »

Pouchet, *op. cit.*, p. 227-228.

La mise en valeur de l'ovulation, du mécanisme de la ponte,
sacrera la femme, dans son autonomie éternelle, comme la
Grande Productrice. Le docteur Félix-Archimède Pouchet a
gagné une célébrité durable pour avoir poursuivi, dans les
années 1850, contre Pasteur, la polémique de la génération
spontanée, bataille dans laquelle il tient, pour la postérité que
nous représentons, le rôle ridicule du vaincu dans le combat
pour la vérité, du champion des chimères, du sot rétrograde
qui opposait, à l'irrésistible montée des découvertes, un entête-
ment superstitieux dans des constructions mythiques, barbares, bizarres, médiévales pour tout dire[8]. En vérité, la révolution pastorienne est venue balayer une position scientifique
intenable sans doute, mais qui ne se croyait certainement pas

archaïque ni passéiste. Tout au contraire, les conceptions de Pouchet offraient à l'idéologie progressiste la haute satisfaction d'une confirmation scientifique. Le mot important est certainement ici l'adjectif *spontané* auquel Pouchet est adonné puisqu'on le retrouve dans le titre de ses deux ouvrages fondamentaux : nous avons cité déjà la *Théorie positive de l'ovulation spontanée* ; le grand livre de doctrine qui lança la controverse avec Pasteur a pour titre *Hétérogénie ou traité de la génération spontanée* (1859). Il s'agit dans les deux cas de mettre l'accent sur le devenir autonome de la nature, l'expansion spontanée de la vie. Conception qu'il est facile de déplacer du domaine scientifique à la controverse idéologique et religieuse, comme ne manque pas de le faire le *Grand Dictionnaire* de Pierre Larousse à l'article *génération spontanée* :

> « La *genèse* spontanée n'est plus une hypothèse, c'est une nécessité philosophique. Elle seule est rationnelle, elle seule nous débarrasse à tout jamais des puériles cosmogonies et fait rentrer dans la coulisse ce *Deus ex machina* extérieur et tout artificiel qu'ont si longtemps adoré les siècles d'ignorance. »

La génération spontanée est mise en évidence, selon Pouchet, par l'apparition à la surface d'une infusion végétale quelconque, même « stérilisée » par la chaleur, d'une sorte de « mère » qu'il appelle *pellicule proligère*, agglomération de débris organiques d'où, spontanément, jaillit la vie. Les trois éléments jugés essentiels sont : « Un corps solide putrescible, de l'eau et de l'air. »

Dans cette théorie, les deux thèmes idéologiquement actifs et significatifs me paraissent les suivants :

1) La vie se renouvelle d'elle-même à partir des déchets et des cadavres (la vie intègre la mort, les déchets sont fertiles, la mort nourrit la vie) ; une des « preuves » fournie par Pouchet

est la « preuve helminthologique » tirée de l'existence des vers
intestinaux ; trois hypothèses permettent d'expliquer leur présence : « ou ils sont transmis par les parents, ou ils provien-
nent du dehors, ou enfin, ils sont le produit de la génération
spontanée » (cette dernière hypothèse est évidemment la
bonne).

2) Bien que Pouchet, selon Larousse, vienne, armé de la
seule raison, nous débarrasser des « puériles cosmogonies », sa
conception biologique est précisément une cosmogonie dont le
sens est d'inverser l'ordre chrétien de la *Genèse* et d'établir
que la vie est un cycle spontané, autonome et qui s'entretient
de lui-même. Changeons en effet l'échelle de l'expérience,
agrandissons le ballon de verre où mijote l'infusion aux
dimensions du globe, nous nous apercevons que la croûte terrestre n'est qu'une extrapolation de la « pellicule proligère » :

> « Car la croûte terrestre n'est qu'une immense nécro-
> pole où chaque génération s'anime à même les débris de
> celle qui vient d'expirer ; et l'atmosphère, ce réceptacle
> de tous les éléments chimiques de l'organisation, devient
> le trait d'union entre la matière morte et la matière
> vivante. »

Hétérogénie, p. 463.

Michelet, qui adhère complètement à ces vues, décrira la
profondeur des océans comme une prodigieuse infusion, un
bain vital grouillant, se suffisant à lui-même, se régénérant
perpétuellement, nutritif et fécond. Pasteur aura beau fuir ces
fantasmes dans l'air raréfié des cimes, chargé de ballons qui,
ouverts et exposés en haute altitude resteront stériles, Pouchet
l'y poursuivra, le forçant à une surenchère, à une frénésie
alpiniste. Des caravanes, toujours plus lourdement chargées,
monteront toujours plus haut leurs petits bedons de verre où

ballotte la bonne soupe vitale. Une fois les savants redescen-
dus, si les infusions du blême Pasteur demeurent inertes, le
généreux, le puissant Pouchet peut exhiber fièrement tous ses
ballons gravides :

> « Le savant (Pasteur) partit alors, armé de quarante
> autres ballons pour aller chercher des zones atmosphé-
> riques plus élevées que celles au milieu desquelles nous
> respirons. Il gravit d'abord le Jura, déboucha vingt de ses
> ballons au sommet de la montagne et huit d'entre eux
> seulement furent fécondés. Fier de ce succès, et sûr de la
> victoire, M. Pasteur ne voulut pas s'arrêter en si bon che-
> min. Il chargea les vingt ballons encore intacts sur le dos
> de deux mulets, et fit l'ascension du Montanvers et de la
> mer de Glace. Il était alors à 2 000 mètres d'altitude,
> dans une zone aérienne qu'il soupçonnait être vierge de
> tout germe. Un seul des ballons en effet contenait plu-
> sieurs jours après quelques infusoires ; les dix-neuf autres
> étaient intacts.
>
> Cependant les hétérogénistes ne se laissèrent point
> abattre ; ils s'armèrent à leur tour de ballons, escala-
> dèrent la Maladetta, jusqu'à une hauteur de 3 000
> mètres, et laissèrent alors l'air pur de ces régions élevées
> toucher leurs infusions. Les huit ballons qu'ils possé-
> daient se peuplèrent d'infiniment petits. Ces expériences
> contrariaient en tous points celles de M. Pasteur et
> détruisaient complètement la théorie de la panspermie
> limitée. »

P. Larousse, Dictionnaire, article génération.

Cet arrangement cosmogonique n'a pour but que de mettre
l'homme à la place de Dieu, un nouveau Dieu tout-puissant
mais en même temps étrangement dépossédé. A la nature —

femme, globe terrestre ou infusion — on reconnaît l'antériorité, l'autonomie, l'éternité. A l'homme, ensuite, l'intervention qui met en marche l'Histoire, le souffle, l'empreinte, le travail, l'exploitation. C'est là sans doute la raison pour laquelle Pouchet tient à restreindre l'activité *spontanée* aux eaux dormantes, aux dépôts, aux sédiments, aux croûtes, à toutes ces frontières qui sont à la fois matrices et lieux de contact, d'accueil et d'échange, vivants cimetières où se conservent, invisibles, latentes, les formes. Ce qui le gêne, au fond, dans la théorie de Pasteur, c'est l'invasion de l'air par les germes, ce « panspermisme » qui est une pollution universelle : « S'il en était ainsi, écrit-il, il faudrait vraiment gémir sur l'atmosphère. » La thèse de Pasteur est-elle autre chose qu'une turpitude visant à nous faire respirer du foutre? Pouchet, tout en rendant hommage à la vitalité spontanée de la femme et de la nature, veut garder pur l'air de nos montagnes, le garder pur pour l'homme, puissance spirituelle :

> « Je me hâte de dire, s'écrie ce chimiste[9], que jusqu'à ce jour je n'ai point rencontré, dans l'air que nous respirons, tous ces êtres fantastiques, tous ces monstres dont l'imagination de l'homme s'est plu à le peupler. »

Et Pouchet de renchérir, afin de bien montrer de quel péril concret il s'agit :

> « Si l'air était rempli de tous les éléments générateurs qu'il faudrait qu'il contînt pour son rôle de disséminateur universel, il serait tellement épais que nous ne pourrions y circuler et nous serions plongés dans les plus profondes ténèbres. En effet, si quelques globules de vapeur d'eau suffisent pour occasionner un sombre et suffocant brouillard, que serait-ce donc si l'atmosphère était encombrée d'œufs et de semences[10]? »

Comme le chante l'Orphée de Gluck : « Spectres, larves, ombres terribles. » Il y a de quoi fuir, Eurydice nonobstant, des cavernes du Cocyte au sommet de la Maladetta. L'adoration de la vie s'accommode d'un recul, d'une distance de sécurité. La transparence cristalline de l'atmosphère alpine s'accorde à la pureté de la conscience souveraine. Déjà le docteur Benassis, le *médecin de campagne* de Balzac, plaçait dans les fonds de vallées mal ventilées des populations crétinisées dont la déchéance contrastait avec la noblesse des mœurs rigoureuses et patriarcales régnant dans les fermes d'altitude. L'optimisme spontanéiste de Pouchet est une courageuse attitude en face des sombres prophéties de l'hérédité morbide. Au moins, ne lui salissons pas son air!

Par rapport à la vie et à la femme qui en est l'emblème, l'humaniste progressiste se trouve dans la position d'un colon comblé par l'abondance infinie d'une terre sauvage offerte à sa jouissance, à sa créativité, à sa maîtrise. Ce naturalisme, religieux bien qu'anticlérical, est-il très différent de la fête d'action de grâces (Thanksgiving) que les Américains célèbrent chaque automne pour remercier la providence de leur avoir donné l'Amérique, terre d'abondance (Land of plenty)? Il ne le semble pas, et cependant, à Michelet et à ses pareils, Dieu manque. Imprudence d'autant plus funeste que l'Europe, vieille terre, n'a rien d'une nature vierge. Étrange inconséquence vraiment : les Américains, vrais colons, rendent grâces à Dieu, les républicains français, fils rebelles, ne veulent connaître que la nature. Pourtant, du côté des médecins leur vient un autre avis, tragique celui-là, qu'ils devront bien entendre. Laissons parler Michelet lui-même :

« En 1847, l'année même où M. Coste publiait les résultats de ses nombreuses dissections et fixait l'ovologie de la femme, le docteur Lucas publia un livre sur *L'Hérédité physique*, 2 vol. in-8°. Livre important, capital, qui, malgré certains nuages d'abstraction, n'en signalait pas moins, dans l'auteur, alors inconnu, un grand et excellent esprit. La presse s'en occupa peu... »

L'amour, p. 449.

Étourderie de la presse devant l'irruption d'un précurseur ! Lucas sera suivi d'une longue lignée médicale acharnée à dresser le tableau de plus en plus sinistre des fatalités héréditaires, des retours naturalisés du péché, de la marche implacable de la dégénérescence. Rien de si grave encore chez Lucas, il est vrai. Mais comme il est étrange que, de cet épais volume, Michelet n'ait retenu — et Zola fera ensuite exactement la même lecture — qu'une bizarrerie, le cas de l'hérédité « par influence », l'empreinte indélébile, marquée par le premier possesseur de la femelle, et qui se répercute ensuite, quels que soient les géniteurs ultérieurs, sur tous les produits du « terroir » maternel, parfois pendant plusieurs générations. Bien sûr, on peut simplement tirer de cette fable une leçon en faveur de l'indissolubilité du mariage. Mais Michelet, avec une intelligence prémonitoire, sait qu'en dépit de tout effort d'interprétation positive, la tragédie, par ce fantasme, entre dans l'histoire naturelle :

> « Le principe de la fécondation durable, élancée dans l'avenir, attriste au premier coup d'œil comme une fatalité. Mais d'autre part, il éclaire à une grande profondeur morale la crise de l'amour et il la spiritualise. Il y révèle, en tous les êtres à ce moment, plus clair pour l'homme, comme un essor vers l'infini, un élan dans l'éternité. »

L'amour, p. 453.

Certes, mais c'est l'infini et l'éternité conçus comme une prison. Cette prophétie a un envers, elle se retourne comme un

vêtement. Il est exaltant, sans nul doute, pour le primogéni-
teur de se livrer à un acte fatal et éternel, d'imprimer sa
marque dans la vie même, plus sûrement qu'aucun sculpteur
dans la pierre la plus dure. Mais l'Histoire a un amont aussi
bien qu'un aval. Que ce héros regarde derrière lui : soudain, le
souverain auteur de la fatalité n'en est plus que le passif objet.
L'aréopage des ancêtres est là tout près, en lui, l'investissant,
agissant à sa place, le retenant pour toujours prisonnier. Pour
essayer de se dégager de cette horreur, Zola se battra pendant
les vingt volumes de ses *Rougon-Macquart...*

Le colonialisme féministe a donc pour conséquence une
valorisation extraordinaire de la virginité, comme si de ce côté
au moins, du côté du terroir, on voulait absolument s'assurer
d'une page blanche. Coïncidence de nouveau, le camp ennemi
s'intéresse lui aussi à la Vierge, le culte marial se développe et,
en 1854, le pape proclame le dogme de l'Immaculée Conception, prélude à la grande marée de ferveur qui jettera les
foules aux pieds des vierges guérisseuses et miraculeuses, à
Lourdes, à La Salette, à Paray-Le Monial. Deux images anti-
thétiques de la vierge s'opposent, comme deux bannières
d'armées ennemies : naturaliste ou ineffable, rédemptrice ou
pondeuse. Pour un « naturaliste devenu chrétien » comme
Huysmans, il est clair que le corps de la sainte (voyez son livre
sur Sainte Lydwine) témoigne d'une grâce merveilleuse précisément parce qu'il échappe à la nature, parce qu'il est corps
fantastique. Diamétralement opposée est la leçon que Michelet
et Zola iront prendre dans les traités d'embryologie : la
gamine, très tôt, dès que la femme s'éveille en elle, s'affirme
petite maman (voyez *La Joie de vivre* de Zola et l'analyse que
j'en donne dans *Le tyran timide*). Ce qui, en l'enfant, émeut
profondément, ce n'est nullement un angélisme désincarné,
mais la merveille d'un corps intact et déjà enrichi de fertilité,
la douce puissance d'une fécondité vite mûrie mais encore
totalement préservée, la promesse du retour éternel de la

richesse infinie de la vie. Champ de blé sous un soleil de juin avant que les machines cruelles — faux, fléaux — ne s'apprêtent. Peau tendue, toison luxuriante, odeur neuve et sauvage, sang vermeil, île déserte, sous-bois frais, fleurs lourdes, tropiques! Heureuse coïncidence toujours que cette leçon de la science sur la nature au moment où l'Histoire devient difficile, décevante, sinon désobligeante. Comme il est logique que le colonialisme — éducation et exploitation de la nature sauvage — soit apparu comme un exutoire aux frustrations que le destin imposait à la France, comme un supplément, un renouveau de vigueur pour une race menacée de dégénérescence. Vers la fin du siècle, *Fécondité* de Zola unira un plaidoyer nataliste, le lyrisme de la nature mère et une invite à la conquête des déserts fertiles du Niger.

Comme nous l'apprit jadis le fabuliste, l'homme curieux, l'homme cupide, l'homme brûlé de désirs, grattant le sol à la recherche d'un trésor, inventa l'agriculture. A Fontainebleau ou au Niger, ce qu'on espère trouver par l'affouillement créateur du sol, c'est le tréfonds du monde où palpite la vie dans sa spontanéité originelle. Cette curiosité passionnée, cette curiosité désirante, indiscrète, incontrôlable, c'est la même qui anime la marche du progrès. Et, la sagesse venant, on découvre qu'il n'y a point de solution de continuité entre la conquête de la nature et le sacre de la femme. Ce secret, qu'il faut aller patriotiquement *retrouver* dans la sauvage Afrique, chacune de nos compagnes le porte en elle, dans le tabernacle de son ventre. C'est le privilège du savant physiologiste d'avoir fait tenir tout l'infini du monde dans quelques croquis merveilleusement simples et précis. Ces planches se groupent en *atlas*, car c'est bien de cartes qu'il s'agit, l'Afrique ou la matrice, nulle différence! Dans les traités d'embryologie (géographie vitale dont les « atlas » forment en quelque sorte l'illustration) les savants, innocemment, laissent échapper des phrases qui eurent sans doute, sur Michelet lecteur, de fou-

droyants effets. Dans leur contexte, ces phrases sont pourtant
graves et grises, comme il convient dans un ouvrage scientifique, au style froid, impassible, factuel. Elles sentent, ces
phrases, le formol, le cadavre, la morgue glaciale, la salle de
dissection aux grandes verrières poussiéreuses, le travail laborieux. On y dit, comme en passant, comme allant de soi, en
subordonnées circonstancielles, les manœuvres routinières de
la recherche : « En ouvrant des cadavres de jeunes filles
frappées de mort violente aux approches de leur première
menstruation, ou ceux de femmes adultes suicidées au moment
de leurs règles[11]... » On y fait sans prétention allusion à
d'étranges trésors : « Je possède une vingtaine de matrices
provenant de sujets suicidés ou frappés de mort violente[12]... »

Exorbitant privilège médical, froideur plus étonnante
encore. Que Michelet, s'autorisant de ce qu'il est, pour les
hommes de science, un collègue, un sectateur zélé, contemple
à son tour, non pas l'objet lui-même, mais simplement le dessin procuré par le savant, cette froideur, immédiatement, n'est
plus de mise. L'image de la matrice après l'accouchement,
c'est le miracle d'un retour à l'aube des temps, le premier
matin du monde. Première vallée à vif dans la richesse irri-
guée d'une terre charnelle, dévoilement absolu d'une nature
rabotée jusqu'à sa source :

> « Épargnons-lui (à l'épouse) cette vue, mais toi (le
> jeune époux), tu dois l'endurer, et cela te sera bon.
>   Rien n'amortit plus les sens. Quiconque n'a pas été
> endurci, blasé sur ces tristes spectacles, est à peine maître
> de lui, en voyant la peinture exacte de la matrice, après
> l'accouchement. Une douleur frémissante saisit et fait
> froid à l'épine... L'irritation prodigieuse de l'organe, le
> torrent trouble qui exsude si cruellement de la ravine
> dévastée, oh! quelle épouvante!... on recule...
>   Ce fut mon impression quand cet objet vraiment ter-

rible m'apparut la première fois dans les planches excellentes du livre de Bourgery. Une incomparable figure de l'atlas de Coste et de Gerbe montre aussi le même organe sous un aspect moins effrayant, mais qui émeut jusqu'aux larmes. On le voit quand, par son réseau infini de fibres rouges, qui semblent des soies, des cheveux pourpres, la matrice pleure le sang.

Ces quelques planches de Gerbe (et la plupart non signées), cet atlas étonnant, unique, est un temple de l'avenir, qui, plus tard, dans un temps meilleur, remplira tous les cœurs de religion. Il faut se mettre à genoux avant d'oser y regarder. Le grand mystère de la génération n'avait jamais apparu dans l'art avec tout son charme, avec sa vraie sainteté. Je ne connais pas l'étonnant artiste. N'importe, je le remercie. Tout homme qui eut une mère le remerciera.

Il nous a donné la forme, la couleur, mais bien plus, la morbidesse, la grâce tragique de ces choses, la profonde émotion. Est-ce à force d'exactitude, ou a-t-il senti cela ? Je l'ignore, mais l'effet est tel.

Ô sanctuaire de la grâce, fait pour épurer tous les cœurs, que de choses vous nous révélez !

Nous y apprenons d'abord que la Nature, en prodiguant tant de beautés au-dehors, a mis les plus grandes au-dedans. Les plus saisissantes sont cachées, comme englouties, aux profondeurs de la vie même.

Et l'on y apprend encore que l'amour est chose visible. La tendresse que nos mères nous prodiguent, leurs chères caresses et la douceur de leur lait, tout cela se reconnaît, se sent, se devine (et s'adore !), à ce sanctuaire ineffable de l'amour et de la douleur. »

L'amour, p. 226-227.

Nature suppliciée, nature féconde, désastres de la guerre, naissance de la vie : la vie est une passion, la naissance un sacrifice. Au cœur du discours naturaliste et antichrétien se fonde un sacré homologue à celui qu'on vient de congédier. Renversements et symétries : le méchant Sade, ultime avatar, criminel rejeton d'une société catholique et féodale, croyait, par ses sévices, par l'exténuante série des mères outragées, saccagées, coupées en morceaux, nier la générosité ordonnée, la sage économie de la nature. Il trouvait réconfort dans l'idée d'un devenir au hasard, d'une vie pléthorique, multiforme, anarchique. Il croyait s'égaler aux catastrophes souverainement arbitraires d'un bon plaisir capricieux et sans plan, taillant à l'aveuglette, abandonnant les conséquences à la loterie. Les physiologistes, eux, grands prêtres ouvreurs de cadavres, ne coupent qu'à bon escient, et, si j'ose dire, selon le pointillé. Pour eux, trancher c'est toujours ouvrir, déplier une structure, mettre en évidence le fonctionnement réglé d'un organe, fonder une loi. Michelet, admis par son ami le docteur Robin à examiner des cerveaux de femmes et d'enfants, à même la chair, et non plus sur manuscrit, continue, avec un enthousiasme décuplé certes, à *lire*, à s'extasier, en paléographe de la nature, sur l'*expressivité* d'un lobe :

> « Petites volutes, accidentées, historiées d'un détail infini, naguère meublées, on le sentait, d'une foule d'idées, de nuances délicates, d'un monde de rêves de femmes. Tout cela parlait. Et comme j'avais eu sous les yeux, le moment d'auparavant, des cerveaux peu expressifs, j'allais dire silencieux, celui-ci, au premier aspect, me fit entendre un langage. »

Michelet, la Femme, p. LIII.

La pratique du savant, par rapport aux rêveries du marquis, souffre pourtant d'un handicap : l'homme du laboratoire

ne peut approcher la matière vivante qu'à partir de la matière
morte. Cet inconvénient devrait alerter l'idéologue qui, pen-
ché sur l'épaule de l'homme de laboratoire, surveille attentivement des travaux dont il s'empare dès qu'il y voit matière à
leçon. Car le sens qu'il est si avide à *découvrir*, il ne fait point
de doute qu'il *l'ajoute*. Là où il croit lire, il improvise, là où il
pense déchiffrer, il préjuge. Parfois, dans un moment dépres-
sif, cette évidence le frappe :

> « La mélancolie de la mer n'est pas dans son insou-
> ciance à multiplier la mort. Elle est dans son impuissance
> de concilier le progrès avec l'excès du mouvement. »
>
> *La Mer*, p. 132.

La mélancolie de la mer : c'est un abus de langage
(« pathetic fallacy »). La mélancolie n'est pas dans la mer
dont les écosystèmes s'équilibrent tout seuls et pour l'éternité,
mais dans l'esprit du civilisé qui s'aperçoit que la civilisation
et la nature ne feront jamais un seul et même système. La
science peut bien découvrir les secrets, les lois cachées de la
nature, ces secrets et ces lois ne sont en eux-mêmes d'aucun
usage direct pour l'entreprise de civilisation. Il faut s'y mettre,
gérer tout cela, gérer la nature, gérer la race, maintenir aussi
le moral de l'espèce, contenir la sauvagerie, exploiter la sauvagerie — toujours éducable, récupérable — apaiser l'angoisse
inévitable, puisque la civilisation, quoi qu'on dise, n'est pas
naturelle, et qu'on ne sait pas, ou qu'on ne veut pas la définir
autrement : un effort sur la nature — mais qu'y a-t-il d'autre
que la nature ? Le crépuscule tombe sur la mer et sur les cimes,
invariablement il est lugubre, un vent froid s'est levé, la
grande rumeur des vagues s'empare des ténèbres, le silence
glacé des hautes altitudes s'appesantit sur la montagne, sur
toutes les frontières de l'Empire, des vallées de l'Engadine aux

dunes qui cachent l'océan, la famille humaine se calfeutre le
soir, la maison du pêcheur comme celle du montagnard doivent être des forteresses... Pourtant, cette peur, il faut la soutenir, il n'y faut pas céder, c'est justement cela la civilisation,
le contact maintenu malgré tout avec ce qui fait peur, la peur
transformée en affirmation tonique : toujours plus d'enthousiasme, toujours plus de savoir et toujours plus de peur :

> « Cela explique et justifie les belles paroles d'un Hol-
> landais, le capitaine Jansen : " Sur mer, la première
> impression est le sentiment de l'abîme, de l'infini, de
> notre néant. Sur le plus grand navire, on se sent toujours
> en péril. Mais, lorsque les yeux de l'esprit ont sondé l'es-
> pace et la profondeur, le danger disparaît pour l'homme.
> Il s'élève et comprend. Guidé par l'astronomie, instruit
> des routes liquides, dirigé par les cartes de Maury, il
> trace sa route sur la mer en *sécurité.* "
> Cela est simplement sublime. La tempête n'est pas
> supprimée. Mais ce qui l'est, c'est l'ignorance, c'est le
> trouble et le vertige qui fait l'obscurité de ce péril, et le
> pire de tout péril, ce qu'il eut de fantastique. Du moins,
> si l'on périt, on sait pourquoi. Grande, très grande
> *sécurité*, de conserver l'esprit lucide, l'âme en pleine
> lumière, résignée aux effets quelconques des grandes lois
> divines du monde qui, au prix de quelques naufrages,
> font l'équilibre et le salut. »

> *La Mer*, p. 170-171.

« *Au prix de quelques naufrages* »..., « les premières
atteintes du mal qui devait l'emporter »..., « au terme d'une
longue et douloureuse maladie »..., « the doomed plane »
(comme on lit toujours dans les comptes rendus des journaux
au sujet de l'avion qui allait s'écraser)... Le tragique réduit en

calcul, calcul des probabilités, calcul du tragique, les ordina-
teurs des compagnies d'assurance vous déterminent ça très
bien, un pourcentage acceptable, une statistique : 40 % de
cancers aujourd'hui guérissables, mais... une cigarette de trop
et les métastases de l'horreur s'épanouissent en petits feux
d'artifice aux quatre coins de votre corps. Tout cela est parfait
au niveau de la science, au niveau de l'espèce. Mais que faire
si vous êtes le pur et passif objet de toutes ces merveilles, si,
dans ce jeu de l'oie, vous tombez dans la mauvaise case, si
vous êtes le pion et non le joueur? Que vous fait le destin de
l'espèce si vous restez individu, insignifiant roi sans royaume?
Le nouveau stoïcisme, le stoïcisme scientifique ne peut être
efficace que pour ceux qui, par le savoir, réussissent à s'égaler
à la totalité du système, pour ceux qui abandonnent la petite
barque pourrie de leur destin individuel pour rejoindre, par le
savoir, le grand navire victorieux du destin de l'espèce, le
grand porte-avions atomique autarcique, la grande monade
flottante bourrée d'électronique. Tous à bord, amis civilisés,
amis savants, tous devenons docteurs-timoniers, docteurs-
pilotes, analystes de systèmes, réfugions-nous, faute d'autre
chose, dans l'immortalité de la civilisation (des mausolées
seront édifiés pour les plus habiles). Sans trop entrer dans les
détails (que proposer aux « masses » qui n'ont pas accès au
stoïcisme des savants?) c'est à peu près tout ce que Michelet
peut offrir. Pourtant, je suis injuste, car ce problème des
masses, il le résout, mieux, il le supprime, génialement, de la
manière la plus démocratique. Il invente en effet une sorte
d'équipe de base, d'équipe populaire (bien plus populaire, bien
plus fondamentale que la commune chinoise), un micro-
commando d'universelle diffusion, presque totalement autonome, complet, une cellule naturaliste-civilisée sur laquelle il
va fonder son utopie. Cette invention est passée un peu ina-
perçue car, fort inattentif aux nécessités françaises et aux obligations des media, Michelet a oublié de la baptiser. Dans un

pays où le changement de titre ou d'étiquette tient lieu d'innovation, c'était une maladresse. D'autant qu'il s'agissait « simplement » du couple conjugal, institution qui pouvait difficilement passer pour nouvelle. Redéfinie par Michelet, elle l'était pourtant. Car le couple, chez Michelet, est à la fois une unité productive de base, une unité juridique de base, une unité médico-psychiatrique de base, et une unité religieuse de base : admirable autarcie ! Dans cette cellule, la femme représente la Nature et le mari le Droit, la femme représente la fertilité, et le mari la production, la femme représente la santé, et le mari la médecine, la femme représente le sacré et le mari le sacerdoce. A propos de l'Université, Michelet avait souhaité la jonction, la compénétration des études juridiques et des études médicales, la double initiation à la Loi civique qui seule fonde notre liberté (par la compréhension de la Justice et du Devoir) et à la Loi naturelle qui seule nous permet de nous « dépasser » vers l'harmonie de l'espèce et du monde. Difficile à opérer dans l'institution académique, cette fusion est assurée facilement dans le couple par l'heureuse coordination des deux rôles étroitement conjoints et radicalement différents. Hypocrite perfection qui concentre à vrai dire les ambiguïtés dont la civilisation charge l'image de la nature et la personne du médecin. Représentant la nature dans le couple, l'épouse adorable doit aussi être surveillée. L'alibi sera sa « faiblesse » dont témoigne la blessure mensuelle que lui impose sa mère, la Grande Nature, et la dangereuse passion (quelle alliance de termes — inévitable pourtant !) qu'est pour elle la maternité. La femme est traitée par la nature comme Jésus par son Père, mais le mari médecin, nouveau prêtre, au lieu de célébrer la messe, doit veiller à ce que tout se passe bien. (Je veux dire : il n'est pas absolument nécessaire que la parturiente meure. Cela ferait pourtant un beau tableau : une vie prise, une vie donnée, la Vie continue ; voyez, par exemple, de Zola, la fin de *La Faute de l'Abbé Mouret*, la vache vêle pendant que sonne l'enterrement d'Albine). Ce qui importe en fait c'est de *tout savoir*, sinon pour tout guérir, du moins pour tout gérer au mieux :

> « En quoi le prêtre et le médecin sont-ils distincts ? je ne l'ai jamais compris. Toute médecine est nulle, aveugle et inintelligente, si elle ne commence par la confession complète, par la résignation et la réconciliation avec l'harmonie générale. Qui peut cela, s'il s'agit d'une femme ? Celui qui la connaît déjà d'avance, et qui est elle-même. Celui-là seul est son médecin-né, pour l'âme et pour le corps.
>
> Ces deux choses, si parfaitement harmonisées entre elles, ne sont pas séparables. Que le jeune homme y songe et s'y prépare. Quel immense encouragement il trouvera aux études morales et physiques, en songeant au bonheur profond d'être tout pour l'objet aimé !
>
> Dans l'avenir, toute éducation (allégée des côtés stériles) comprendra des années d'études médicales. L'état présent est ridicule. Quiconque vit a pour premier besoin de savoir ce qu'est la vie, comment on l'entretient, comment on la guérit. Ces études, d'ailleurs, sont pour l'esprit un si merveilleux exercice qu'à peine on peut dire *homme* celui qui n'y a pas regardé. »

> *L'Amour*, p. 342-343.

Tous les hommes étant destinés à être maris et pères, tous deviendront gynécologues. Mais l'intervention médico-conjugale du mari ne saurait être que fort douce, hygiénique, régularisante, apaisante : aider la femme à être simplement le plus femme possible, à se rapprocher toujours de la nature qui est sa source, à éviter les dévoiements, les frivolités, les excita-

tions, à développer les suavités de la sédentarité enclose et jar-
dinière, à privilégier autour d'elle et dans son régime le cycle
végétal de préférence au cycle carnassier trop viril pour elle, à
la faire, pour parler net, rose autant qu'il se peut, vache certainement, féline le moins possible. Moyennant quoi, le foyer,
son domaine, sera une oasis de fertilité, de jouissance et de
savoir sacrés. Reste que la femme n'a pas le privilège d'être
l'interprète de son propre texte. Origine de toute santé, elle ne
saurait être médecin (la « faiblesse » toujours, les spectacles
qu'elle ne pourrait, certains jours, supporter). Tout au plus,
Michelet imagine-t-il un couple de missionnaires médicaux :
une veuve (initiée et en retraite de la fameuse mission sacrifi-
cielle — par laquelle, d'ailleurs, c'est le mari qui fut éliminé :
vraiment *dangereuse* passion!) accompagnée d'un grand fils
d'adoption : « Je comprends aussi qu'une dame veuve et âgée
exerce la médecine avec un fils d'adoption qu'elle aurait formé
elle-même. » Admirons le fils d'*adoption* : comme il est clair
qu'avec un fils naturel l'initiation médicale eût été inces-
tueuse. Admirons, envions Michelet qui, de trente ans son
aîné, se sentait le fils de sa femme. Une chose est de démonter
l'idéologie des victoriens, une autre de voir comment, derrière
ce beau rideau, ils s'arrangèrent : ces aînés-là manquent bou-
grement dans la carrière!

Pour revenir à la médecine, en dépit de tous les hommages
qui lui sont rendus, elle apparaît, dans la pratique, bien étroitement resserrée dans ses tâches de surveillance sécurisante, de
gestion hygiénique, de psychothérapie tonifiante :

« Maintenant posons les faits :
1º *La femme est aussi pure que l'homme.* Nos premiers chimistes, MM. Bouchardat, Denis et autres, ont
analysé ce sang, et l'ont trouvé tel qu'il est dans toute
l'organisation ;
2º *La femme est-elle responsable ?* Sans doute, elle est

une personne; mais c'est une personne *malade,* ou, pour
parler plus exactement encore, une personne *blessée*
chaque mois, qui souffre presque constamment et de la
blessure et de la cicatrisation. Voilà ce que l'ovologie
(Baër, Négrier, Pouchet, Coste) a admirablement établi,
de 1826 à 1847.

Quand il s'agit d'une malade, si la loi veut être juste,
elle doit constamment tenir compte, en tout acte punis-
sable, de cette circonstance atténuante. Imposer à la
malade les mêmes peines qu'au bien-portant (je veux dire
à l'homme), ce n'est pas une égalité de justice, mais une
inégalité et une injustice.

La loi se modifiera, je n'en fais nul doute. Mais la première modification doit avoir lieu dans la jurisprudence
et la pratique légale. Nos magistrats sentiront, comme je
l'ai dit, que, pour juger et punir ce qu'il y a de *libre* dans
les actes de la femme, il faut tenir compte de la part de
fatalité qu'y mêle la maladie. L'assistance *permanente*
d'un jury médical est indispensable aux tribunaux. J'ai
établi ailleurs que la peine de mort était absolument
inapplicable aux femmes. Mais il n'y a presque aucun
article du Code qu'on puisse leur appliquer sans modifi-
cations, surtout quand elles sont grosses. Une femme
prend un objet. Que faire? elle en a eu une insurmon-
table *envie.* Oserez-vous l'arrêter? mais vous lui ferez du
mal. Allez-vous l'emprisonner? mais vous la ferez mourir. " La propriété est sacrée. " Je le sais bien, parce
qu'elle est un fruit du travail. Mais il y a ici un *travail*
supérieur qu'il faut respecter, et le fruit qu'elle a dans
son sein, c'est la propriété de l'espèce humaine. Voici
que, pour ravoir la vôtre, qui peut-être vaut deux sous,
vous allez risquer deux assassinats!... Je voudrais, surtout quand l'objet est une bagatelle, qu'on se laissât
voler de bonne grâce et qu'on s'abstînt de l'arrêter. Les

anciennes lois allemandes lui permettent expressément de pouvoir prendre quelques fruits.

A ces pensées d'humanité se rattache très bien ce que j'ai dit de l'union des deux branches de la science, *science de la justice, science de la nature.* Ce qui leur manque le plus, c'est de sentir leurs rapports. Par bien des points, elles sont une. *Il faut que la justice devienne une médecine*, s'éclairant des sciences physiologiques, appréciant la part de la fatalité qui se mêle aux actes libres, enfin ne voulant pas punir seulement, mais guérir. *Il faut que la médecine devienne une justice* et une morale. C'est-à-dire que le médecin, juge intelligent de la vie intime, entre dans l'examen des causes morales qui amènent le mal physique, et ose aller à la source, la réforme des habitudes d'où procèdent les maladies. Nulle maladie qui ne dérive de la vie entière. Toute médication est aveugle, si elle ne s'appuie sur la connaissance absolue de la personne et sa confession complète. »

L'Amour, p. 441-443.

On sent bien à lire ce texte que le noble rôle que Michelet propose au médecin satisfera médiocrement celui-ci. La science, sans doute, fera un bout de chemin avec l'idéologie qui se réclame d'elle jusqu'à lui prendre son nom, mais maintiendra aussi une revendication anarchique, continuant de poursuivre son seul véritable objet, la connaissance des lois de la nature, exclusivement et quoi qu'il en advienne de la « civilisation ». La médecine acceptera facilement une moitié du contrat que lui propose Michelet : que la justice soit une médecine, volontiers, nous fournirons les experts auprès des tribunaux. Pour le reste! que la médecine soit une justice? ce peut être pour certains médecins, socialistes et philanthropes, à vocation d'hygiénistes, de sexologues, d'écologistes, un rôle

avantageux. Mais la science anarchique et vaniteuse... Mais la
nature qui ne répond qu'à ses propres lois... Que l'idéologie se
débrouille!

Inversement, pour l'idéologue en proie au colonialisme féministe, la médecine a surtout pour utilité de prévenir le dange-
reux agrandissement de la déesse qu'il s'est donnée. La médecine est le savoir que le colon apporte avec lui dans son
Afrique et qui lui permet de connaître sereinement ce continent dans ses merveilles mais aussi dans ses faiblesses, et de
l'exploiter en même temps qu'il l'exalte. Elle est la froide
science qui désamorce les dangers de l'enthousiasme et les tentations du cœur de ténèbres. A l'ombre du rationalisme, une
religion peut subsister dans une clandestinité tolérée, et les
besoins affectifs se contentent dans une parodie de Passion, où
la crucifixion du Messie en jupons s'achève innocemment par
l'euphorie des parturitions faciles, de *happy end* des fourneaux
pâtissiers, la bonne alchimie de la cuisine maternelle. Mais
toujours cette religion naturalisée et rationalisée menace
d'échapper à ses *docteurs*, et de retourner à l'état sauvage. La
conjoncture historique évoluant dans la seconde moitié du
siècle et suscitant des mythologies agressives de l'inconscient
racial, le colonialisme féministe enflera sa déesse jusqu'aux
proportions épiques d'une *terra mater* alimentant de ses ruis-
seaux de lait les nourrissons innombrables d'une race patrio-
tique et guerrière. Zola, qui doit tant à Michelet, se fera, par
une étrange aberration, le poète de cette épopée, en écrivant
Fécondité au moment même de son engagement le plus intense
dans la bataille dreyfusienne.

Ainsi vont les esprits prêtres, chantant inlassablement la
litanie des révélations : ils invoquent l'autorité du dogme, ou
la loi de nature, ou l'inconscient de la race — et ce dogme,
cette loi de nature, cet inconscient national, ils les inventent à
mesure et les modifient quand cela les arrange. Ces concepts
sont pratiques, vastes, souples et accommodants comme de

vieux sacs qui ont beaucoup servi. La nature, particulièrement, est bonne fille, ses lois sont aisées, diverses, innombrables. Son apôtre décrète à mesure les règlements oppor-
tuns, selon les besoins de la cause : nature féministe, conjugale, lapinière, inconsciente, désirante, délirante, tout rentre
dans cette vieille baudruche. Mais si la nature se moque assez
du détail de ses lois, elle ne plaisante pas quant à la rigueur de
l'application. Car celui qui se règle sur une loi de nature
(l'eût-il inventée) doit absolument lui obéir, puisqu'il la reconnaît comme tirée de l'ordre des choses. Il est prisonnier de la
pire des religions, la religion du réel. Fourier le savait bien qui
préférait de beaucoup le mot Dieu au mot Nature. Il pensait
aussi que le rôle des pères est de gâter leurs fils, et il était
obsédé par la variété : la variété, pas la loi.

NOTES

1. « Comment ne suis-je pas le prêtre véritable, moi qui ai tenu cette
année le saint des saints sur l'autel des Fédérations. Comment ces
choses sublimes, qui m'ont tiré des larmes, sont-elles si peu intimes en
moi ? Comment la nature revient-elle obstinément me faire descendre
à l'individualité ? Quelle est la voie ? Avant toute idée, élargir le cœur,
faire vouloir la fraternité...

Ressens donc les misères des hommes. Voilà l'hiver et, comme dit le
prud'homme de la Frise : Vis en tous, partage ton âme, donnes-en à

tous les hommes. Et pour cela, il te faudra un plus grand détache-
ment. Tu as une âme molle et paresseuse. Tu jouis du feu, du foyer,
du sommeil ; tu sens tout cela, en rentrant le soir, plus que ne doit
faire un homme (un homme doit sentir trop bien que cela manque à
tant d'autres !). Tu ressens toujours vivement et sans défense l'éclair
que lance la beauté. Il faut monter, dans l'amour, à une plus grande
hauteur, hors la sensualité.

De la mendicité spirituelle : mendie ta vie, près du pauvre. Tu
deviendras homme ; tu seras moins livre, moins scribe, moins cul-de-
jatte, moins rêveur, moins vaniteux, moins subtil...

Prenons sur nous. Qu'est-ce que cela veut dire ? Beaucoup, si l'on
veut. Il ne faut pas rester dans les généralités. Un vice de moins : que
d'argent ! (ici, silence, nous avons tous jalousement l'économie de nos
vices). Un ridicule de moins : que d'argent ! (gants noirs au lieu de
gants jaunes). Un faux besoin de moins : que d'argent ! (le dessert de
moins).

Étendre ceci : amener doucement les nôtres à une vie abstinente,
au moins sans folle consommation... »

Journal, 20 novembre 1847.

2. On comprend alors le très vif agacement qui saisira Michelet à la lecture de *L'Éducation sentimentale*. Ce petit Frédéric Moreau fait tout à
l'envers. D'abord, aller à Fontainebleau *avec une fille, en 1848* : l'insensi-
bilité s'ajoute au sacrilège ! Ensuite, énorme sottise de la dévotion pour
cette Mme Arnoux avec laquelle on ne fait jamais rien, avec laquelle on ne
veut rien faire, et que, pourtant, on s'attendrit à considérer *par-derrière*.
Vient alors à Michelet l'irrépressible besoin de suppléer la maladresse de
Frédéric, de redresser son insuffisance, et l'impulsion vengeresse de *botter
les fesses* de la trop idéale Marie :

« Je parcourus Flaubert, *Éducation sentimentale* ou histoire d'un
jeune homme. Froid et indécis. L'idéal, Mme Arnoux, à quarante-
cinq ans (?) en 1867, s'offre, mais cheveux blancs. Vingt ans plus tôt,
il la surprend accroupie, cherchant la violette... (" Tu lui aurais au
moins b... le c...? ") Émeutes de 1848, très froides. Il visite Fontainebleau ! avec une fille publique ! »

Journal, 20 novembre 1869.

3. Voyez le titre de la note 3 à la fin de *L'amour : La femme réhabilitée
et innocentée par la science.*

4. Sur l'histoire des idées et surtout des mythes relatifs à la génération,
on peut consulter le livre récent de Pierre Darmon, *Le mythe de la procréa-*

tion à l'âge baroque, J.-J. Pauvert, 1977. Ce travail concerne exclusivement les XVIIᵉ et XVIIIᵉ siècles, mais les fantasmes victoriens utilisent, en les organisant autrement, en leur donnant un autre sens, des matériaux tirés des vieilles querelles entre ovistes et animalculistes.

5. « Le sang qui s'écoule pendant les deux ou trois jours que dure ordinairement cette seconde phase de la période menstruelle, a une si complète ressemblance avec celui qu'on extrait d'une artère ou d'une veine, que, si l'on fait abstraction des mucosités que les sécrétions exagérées de l'appareil génital ajoutent à son sérum, on ne peut méconnaître son identité, confirmée d'ailleurs par l'analyse chimique, et signalée par tous les médecins qui ont étudié ce phénomène périodique. »

M. Coste, *Histoire générale et particulière du développement des corps organisés*, Paris, 1847, p. 204.

6. « Nous avons d'abord démontré, en exposant notre première loi, qu'il n'y a point d'exception pour l'espèce humaine et les mammifères, et que les phénomènes de leur génération se produisaient d'après des règles analogues à celles qui président à cette fonction chez tous les autres animaux. » Pouchet, *op. cit.*, p. 445.

7. En langage médical toujours qualifié de *génésique*.

8. Pouchet, personnage qui fait sourire dans l'histoire des sciences, se retrouve en intrus à tous les carrefours de l'histoire littéraire : élève du père de Flaubert, ami du frère de Flaubert (chez qui Michelet le rencontra), cousin de la grand-mère maternelle de Gide.

9. Baudrimont, cité par Pouchet, *Générations spontanées, résumé des travaux physiologiques sur cette question et ses progrès jusqu'en 1863*, p. 23.

10. Pouchet, *op. cit.*, p. 9.

11. M. Coste, *op. cit.*, p. 208.

12. M. Coste, *op. cit.*, p. 210.

Flora, Pauline et les autres

par Laure Adler

A la radio une voix de femme raconte sa vie. Chaque jour un bout de sa vie. Nul besoin d'ailleurs d'en rajouter pour en faire un feuilleton mouvementé. L'émission a bien marché, le public a été troublé, fasciné. Ça y est, Flora est devenue une héroïne. Tant mieux. Depuis quelques années des maisons d'édition publient sans discontinuer les œuvres des féministes du siècle passé. Nous ne pouvons que nous en féliciter. Études, biographies, expositions, c'est une véritable explosion. Espérons que cela va continuer. Profitant de ce mouvement d'idées[1] et de ce regain d'intérêt, deux femmes se retrouvent sous les feux de l'actualité. L'une illustre de son vivant et qu'on ne cessera de vilipender, l'autre qui toute sa vie tentera de se faire reconnaître et qu'on est en train de redécouvrir[2]. Des stars du féminisme. Flora et George encensées, adulées. D'autres à côté toujours méconnues, des obscures, des sans-grade, celles qui ont peu écrit tant elles ont milité. Les stars c'est bien connu, on les aime en entier, on ne voit pas les défauts, et la passion aidant, sans même sans rendre compte, on en tait les travers, les ambiguïtés, les contradictions.

Pas de baisse de passion mais une vision qui aimerait se dégager de la fascination et tenterait de se débarrasser des

images saintes du féminisme qui sont en train d'être fabri-
quées.

Difficile, il faut le dire, de ne pas être troublé par le personnage de Flora. Cette femme brune, sensuelle qu'on représente
toujours les yeux émerveillés a de quoi nous toucher. C'est une
bâtarde. Fille d'un Péruvien membre d'une des plus grandes
familles du Pérou et ami du libertador Simon Bolivar qui, par
négligence administrative, n'a pu se marier avec la mère de
Flora. Il mourra quand elle aura quatre ans, laissant sa femme
dans une situation économique difficile et léguant à sa fille son
aristocratisme qui ne la quittera pas jusqu'à la fin de sa vie.
Toute jeune elle s'établit comme ouvrière et bien vite son
patron — l'histoire a de ces facilités — tombe éperdument
amoureux d'elle. Elle lui écrit un mois avant de se marier :
« Va, je veux devenir une femme parfaite, on sait que je ne
pourrai pas, je veux te donner tant de bonheur que tu oublies
tout le mal que je t'ai causé... Je veux être bonne avec tout le
monde, être philosophe mais d'une manière si douce et si
aimable que tous les hommes désireront une femme philosophe [3]. »

L'ouvrière inexpérimentée deviendra en effet une philosophe engagée. Des grossesses répétées, un couple détérioré.
Le mari s'enfuit la laissant avec ses deux enfants devenir la
proie des créanciers. Elle quitte Paris, s'engage comme dame
de compagnie chez des Anglaises. Et elle commence à voyager.
Jusqu'à sa mort Flora restera une grande voyageuse. Elle ne
cessera de bouger, de noter d'observer les mœurs, les coutumes
des Anglais, des Péruviens et des Français. Voyages, coupures,
ruptures. Sur son travail de dame de compagnie Flora se tait.
Sur ses pérégrinations avec sa fille aussi. Poursuivie des mois
et des mois par un mari jaloux qui n'accepte pas la séparation,
elle est obligée de se cacher; suspecte, elle est plusieurs fois
arrêtée par la police. Encore une fois rupture, elle part cette
fois pour le Pérou où elle compte faire reconnaître son origine

aristocratique et revenir avec un peu d'argent. Elle en reviendra sans un sou mais avec un magnifique livre d'histoire et d'ethnographie. Elle est alors complètement métamorphosée. Devenue un écrivain elle se transforme du même coup en intellectuelle révolutionnaire. Publiant la nécessité de faire bon accueil aux femmes étrangères, prenant contact avec Fourier, avec des cercles d'ouvriers, signant des pétitions pour l'abolition de la peine de mort, pour le rétablissement du divorce, et continuant à se battre contre un mari qui lui enlève régulièrement ses enfants tout en l'injuriant et en la menaçant de la tuer. Les manchettes des journaux du 11 septembre 1838 annonceront en caractères gras l'attentat dont a été victime George Sand dans les rues de Paris ; son mari jaloux l'aurait blessée d'un coup de feu. Le lendemain, ils seront obligés de rectifier : c'était une femme de lettres, mais ce n'était pas Sand : c'était l'autre. Encore une fois, coupure, rupture. Flora est alors lancée dans les milieux parisiens. Il paraît qu'il n'y a pas plus chic que d'avoir dansé une fois avec elle à un raout organisé par quelque dandy. Elle ne s'installe pas dans ce milieu-là et repart pour Londres pour la quatrième fois. Elle en reviendra aussi avec un livre qui sera assez bien reçu et dont on dit encore maintenant qu'il est admirable de courage et de vérité et qui présente cependant des thèses pour le moins discutables. Passons vite sur l'anglophobie : les Anglais sont tous fats, ignares, prétentieux, ramenards et laids [4].

Oublions le ton de prétention qui parcourt sans cesse le texte et le rend quelquefois irritant : j'ai pénétré dans les coulisses, j'ai vu le fard des acteurs, je n'ai reculé ni devant la fatigue ni devant les sacrifices de tout genre, l'intrépidité de mon caractère vient de la gravité de ma tâche et de l'importance de mon apostolat. Flora sacrifie comme tant d'autres à la mode du romantisme et se justifie : « Travailleurs, c'est à vous tous et toutes que je dédie mon livre. C'est pour vous instruire sur votre position que je l'ai écrit. Je suis votre sœur en

l'humanité. » Elle visitera des manufactures, en fera des descriptions extrêmement détaillées, aura le courage d'entrer
dans les prisons, se déguisera en homme pour s'introduire
dans la Chambre des communes et se promènera dans les
quartiers mal famés. Si la description du quartier des Irlandais à Londres est bouleversante, si les pages sur les mendiants
font encore frissonner, on trouve aussi des passages d'une
extrême ambiguïté. Un chapitre notamment est intitulé « les
filles publiques ». Flora commence par dire haut et fort sa
compassion, pour ensuite avouer que si elle comprend le bri-
gand, le soldat, le matelot, jamais elle n'arrivera à comprendre
la prostituée, « s'abdiquant elle-même ! annihilant sa volonté
et ses sensations ; livrant son corps à la brutalité et à la souffrance et son âme au mépris ! la fille publique est pour moi un
impénétrable mystère[5] ». Bien sûr, comme tous les socialistes
de l'époque, elle explique la prostitution par l'infériorisation
de la femme et le pourrissement de la société. Mais contrairement à des femmes qui, dans leur journal, prônaient l'alliance
avec les prostituées, proposaient d'aller les aider et proclamaient que prolétaires, bourgeoises et prostituées étaient
toutes sœurs en l'humanité, Flora prendra un ton qu'on appel-
lerait aujourd'hui distancié. Elle surmontera, comme elle le
dit, sa répugnance pour aller traîner dans Waterloo Road, le
quartier chaud. Elle verra les filles « demi-vêtues, plusieurs
nues jusqu'à la ceinture, elles révoltaient, provoquaient le dégoût[6] » et entrera, toujours en surmontant sa répugnance,
dans un *finishe*, taverne destinée à des plaisirs particuliers.
Elle en aura le vertige. Certes Flora éprouve de la pitié, de la
commisération pour toutes ces prostituées mais pas vraiment
un sentiment de solidarité[7].

    « La plume se refuse à tracer les égarements, les turpitudes
dans lesquelles se laissent entraîner les hommes blasés qui
n'ont que des sens et dont l'âme est inerte, le cœur flétri, l'esprit sans culture[8]. »

Flora n'est pas de cette classe-là, Flora n'est pas de cette race-là. Elle est à côté de ces gens-là, elle les décrit comme faisant partie tout de même de l'humanité mais ne pouvant entrer dans sa vision de l'univers. Ainsi de quelques minoritaires, les Irlandais : « Arrivée au bout de la rue qui n'était pas très longue, je sentis ma résolution faiblir ; mes forces physiques sont loin de répondre à mon courage ; mon estomac se soulevait et une forte douleur de tête me serrait les tempes. J'hésitais si je continuerais à m'avancer dans le quartier des Irlandais, lorsque tout à coup je me rappelai que c'était bien au milieu d'êtres humains que je me trouvais[9]. »

Les juifs : Flora, au début de son chapitre, commence par nous rassurer : ils ne sont point, vous savez, aussi égoïstes, aussi matériels, aussi dominés par les appétits qu'on le dit. Seulement « l'idée de l'infini, la satiété des jouissances sensuelles, le sentiment de l'indépendance sont toujours en eux[10] ». Côté qualités : les riches aident les pauvres, ils sont industrieux, habiles, actifs, un peu fripons certes, mais dans le commerce qui ne l'est pas ? Côté défauts : ils sont tous cupides, « tous, hommes, femmes, enfants (qui, dit-elle un peu avant, ressemblent à des limaces), ont la même expression : une cupidité active[11] ». De plus, si l'on s'avance dans le quartier des juifs, cela pue... « les guenilles exhalaient une odeur tellement forte que nous sortîmes de ce cloaque avec un mal d'estomac qui nous faisait soulever le cœur[12] ». Quant à la définition véritable du juif, elle clôt le chapitre : « Le juif en général aime l'argent et non pour en faire parade en objets de luxe ; peu lui importe d'être mal couvert, mal logé, mal nourri, pourvu qu'il ait par-devers lui un petit magot caché à l'abri des banqueroutes et des révolutions : cela suffit pour sa satisfaction intérieure[13]. » Élitisme détourné, aristocratisme inavoué, style ampoulé de l'époque, racisme banalisé ?

Il y a chez Flora une vision de la classe populaire comme race. Ainsi que l'a si magistralement démontré Louis Chevalier [14], les bourgeois voient à l'époque les pauvres comme des barbares; c'est ainsi qu'on les appelle dans les journaux et on les nommera populace jusqu'aux derniers jours de la monarchie de Juillet.

Flora est déchirée. D'un côté, son désir passionné de venir en aide aux ouvriers, sa décision de se donner aux pauvres, sa volonté de se faire comprendre par eux, de les transformer quitte à souffrir et à en mourir, et de l'autre, la certitude de son intelligence, la perception qu'elle a d'être la seule à être capable de transformer le sort des autres puis celui de l'humanité, et le sentiment mystique qu'elle éprouvera jusqu'à la fin de sa vie, qui fut un calvaire, d'avoir été choisie par Dieu pour dire la vérité et bouleverser l'ordre du monde.

Flora prise à son propre piège : l'exaltation de soi-même et des autres. D'un côté, des ouvriers abstraits qui ne demandent après sa parole qu'à se réveiller pour ensuite se révolter. De l'autre, la triste réalité : une élite d'ouvriers autodidactes qui ne se laissent pas manipuler par Flora et tout le reste de la classe ouvrière qu'elle trouve dolente, pas facile à remuer. Dès l'été 1843, encouragée par le petit succès de l'Union ouvrière tant en province qu'à Paris, et stimulée par le livre de Perdiguier [15] elle prépare son tour de France fiévreusement. A Paris, elle est plutôt mal reçue, et le note amèrement dans son journal : Perdiguier ne comprend rien, Vincard n'est pas plus intelligent. De plus aux rendez-vous on la fait attendre : « On me fait attendre, moi qui ai annoncé apporter le salut de la classe ouvrière [16]. »

Pourtant elle argumente, se défend, est contente d'elle-même. Il s'agit de faire accepter son projet et de se faire soutenir par tous les comités ouvriers en France. Ceux qui lui apportent la contradiction sont stupides et méchants, les femmes qui osent lui répliquer bêtes comme des oies. Ce qui lui fait dire avant de partir :

« Que de douleurs et de déceptions je me prépare. Cependant je ne suis pas illusionnée sur leur compte. Je les vois tels qu'ils sont et c'est là justement ce qui m'arrache des larmes. »

Les réunions cependant continuent. Flora note au jour le jour :

« Pendant deux heures et demie la même inintelligence règne. C'est indescriptible de sottise, d'outrecuidance, de sécheresse, de mauvais vouloir, de vanité... oh! je comprends aujourd'hui pourquoi la classe ouvrière n'a point de défenseurs, d'hommes qui lui soient dévoués. C'est réellement la stupidité des ouvriers qui est capable de rebuter, de refroidir, de dégoûter l'âme la plus ardente. Il faut pour se trouver en compagnie de ces gens-là être cuirassée de toutes parts. Les uns sont bêtes, les autres grossiers, insolents, les autres sots[17]. »

Tout le monde au passage en prend pour son grade : les saint-simoniens sont des attardés, les fouriéristes des poltrons, les cabétistes, n'en parlons même pas.

Et toujours, de façon lancinante, le dégoût pour la bêtise des ouvriers. « Personne au monde n'aura le courage de vivre avec des êtres aussi peu intelligents. Ce qu'il y a de pénible à observer, c'est que ces malheureux se croient supérieurs et s'abusent complètement sur leur état[18]. » « Je vois qu'il est folie de vouloir discuter de leurs intérêts avec eux. Il faut leur présenter toute faite la loi qui doit les sauver[19]. » « Que de choses j'ai apprises depuis quinze jours que je vis avec des ouvriers. Ils sont affreux à voir de près[20]. » « Pour remuer ces gens-là il faut un gant de fer[21]. »

Divisée Flora. Elle sait qu'elle peut les émouvoir. Elle connaît son éloquence, son courage et a décidé qu'elle ne craquerait pas. Elle a des choses à dire, des révélations à apporter. Et elle a deviné très vite qu'elle ne serait pas entendue comme elle le voudrait, qu'elle serait déçue. A cause des ouvriers. Désharmonie entre son public et elle. Flora toujours en décalage. Flora en avance.

Sachant avant le départ les déceptions qui l'attendent, Flora fatiguée puis minée par la douleur entreprend cependant son tour de France. En donnant tout — ses ambitions, ses désirs de révolution, les souffrances horribles de sa vie — à ces ouvriers ou plutôt à l'image qu'elle aimerait avoir des ouvriers. Flora qui, de ville en ville, tente de persuader les ouvriers. Flora qui dans l'adversité, le froid, les humiliations — qu'elles viennent des bourgeois ou des ouvriers — réussit à continuer en se persuadant par des idées : Bordeaux, septembre 1843. « Ma mission est sublime, c'est de mettre les hommes dans la légalité du droit. » A Auxerre, elle sent en elle une grâce divine qui l'enveloppe, la magnétise et la transporte dans l'autre vie. Au fur et à mesure que le voyage avance, le corps de Flora s'épuise, elle est creusée par la maladie. Elle arrive difficilement à dormir, encore moins à manger. Peu lui importe. Elle n'est plus corps, elle est parole. Son corps elle l'a déjà donné aux ouvriers. Sur les cinq cents pages que fait le journal, quelques fragments de phrases — très courtes — sur sa souffrance, sur sa fatigue alors que la douleur l'accapare et qu'elle mourra dans d'atroces souffrances.

Flora se désincarne. Elle n'est plus qu'instinct. Elle sert les ouvriers et se met à prophétiser.

Dijon, 18 avril 1844 :

« J'ai eu cette nuit des émotions sublimes telles que je n'en avais pas encore ressenties. La sainteté de la mission que je remplis m'émeut moi-même. Cette nuit, j'étais seule, là au milieu de la nuit et je me trouvai l'âme remplie de joie. Que c'est donc bon de faire le bien ! Je suis tellement absorbée dans la sublimité de la mission que je ne sens qu'elle, je ne vois qu'elle et tout le reste disparaît. »

Elle se nomme martyre, se compare à Jésus, obéit à la voix de Dieux (qu'elle écrit toujours avec un x) qui parle en elle tout en ajoutant : « Avec cette pensée on n'a besoin de s'inquiéter de rien et aussi de rien je ne m'inquiète. »

En chemin, au milieu de tous ces ouvriers pour la plupart
apathiques, elle rencontre une disciple dont elle fera sa confi-
dente, son élève, son amie. Avec elle se développera une relation amoureuse qui rendra la fin de sa vie moins douloureuse.

« Le magnétisme de ses regards m'impressionne d'une
manière toute particulière ; dans le moment je ne puis qu'en
subir le charme et d'ailleurs j'en éprouvai un tel ravissement
que je me contentai d'en jouir avec bonheur sans chercher à
comprendre. Le magnétisme de ses regards fut si puissant sur
moi que la séparation qui s'opéra entre nos corps ne put la
détruire [22]. »

Elle parle de révélation, d'un amour sublime que l'humanité n'a jamais pu encore connaître et ajoute, sans trop s'interroger :

« Il se passe entre Éléonore et moi ce qui se passait entre
Jésus et saint Jean. Il vivait en son maître parce que son
maître avait la puissance de vivre en lui. De même Éléonore
vit en moi parce que j'ai eu la puissance de m'incarner en
elle [23]. »

A la fin de sa vie, Flora ne sera attirée que par les femmes et
dédaignera toutes les avances des hommes. Au monsieur qui
venait de lui faire une déclaration, elle rétorquera :

« Une femme supérieure doit se montrer supérieure avec
tous et dans toutes les circonstances. C'est ce que j'ai fait
depuis le moment où j'ai eu la conscience de ma supériorité et
c'est ce que je continuerai de faire. Je ne peux comprendre le
pourquoi de la lettre plus qu'inconvenante [24]. »

Elle se lamente d'être une jolie femme, se plaint de la quantité des lettres d'étudiants et de sous-lieutenants qu'elle reçoit
et s'indigne qu'un ouvrier lui adresse un poème mystico-
amoureux où maladroitement il lui déclare son amour :

« Allons il ne manquait plus que cela qu'un ouvrier
devienne amoureux de moi ! Décidément ces garçons n'ont
aucun bon sens, aucune force de tête ! Tous sont toqués à l'en-

droit de la vanité. Et je m'explique : je ne veux pas dire qu'un ouvrier n'a pas le droit d'élever ses désirs jusqu'à moi, je lui reconnais le droit comme à tout autre homme, seulement il devrait sentir que, dans ce moment-ci, je ne suis pas disposée à accueillir l'amour de qui que ce soit [25]. »

Flora se sent crucifiée, ce dont elle se félicite, et se sent assez forte pour porter ce que nul autre ne peut porter, elle se sent soulevée par le magnétisme extraordinaire qu'elle exerce sur les ouvriers. Éléonore lui rend sa passion en délirant d'amour publiquement et en tombant dans des paroxysmes à la fin des réunions. Le voyage prend le tour d'un calvaire. Flora maigrit, ses traits se durcissent, son regard devient de plus en plus profond. Ravie, elle note qu'elle devient belle, d'une beauté céleste. « Quelle vie fut jamais plus variée que la mienne ! Aussi dans ces quarante années, que de siècles j'ai vécus. »

Flora n'a plus de corps. Flora messie qui embarrassée de son sexe aimerait parvenir à la sainteté. Seule relation qu'elle s'autorise : celle de mère spirituelle avec Éléonore. Elle veut la fabriquer, puis la transfigurer. De cette jeune ouvrière lyonnaise, elle tente de faire une femme cultivée. La prenant en charge, elle lui fixe aussi un emploi du temps : lecture des journaux, liste de livres politiques, pas de lecture légère, un apprentissage intensif avec de temps en temps des coupures. Quinze jours sans rien lire pour réfléchir. Elle lui prodigue conseils, méthodes de vie. « Prenez l'habitude de vous demander le pourquoi de toute chose, cherchez-le avec pénétration et soyez sûre que vous le trouverez [26]. »

Avant de mourir, elle confiera à Éléonore : « Si vous voulez travailler sérieusement vous trouverez en moi une maîtresse infatigable. Vous pouvez me demander autant de pourquoi qui vous passeront par la tête. Je me ferai toujours un désir et une joie d'y répondre. »

Au début de son voyage elle pensait transformer la société

dans un délai de cinq ans. A la fin, elle annonçait que dans dix ans elle serait à la tête du grand peuple européen. Elle a réussi à faire don de sa vie, la fin de son voyage est un véritable martyre.

Flora est morte comme une sainte. Après sa mort elle est devenue un mythe.

Pauline est aussi morte comme une sainte mais de sa vie, de son œuvre peu de choses subsistent.

Orpheline de père elle aussi, elle fut élevée par sa mère directrice de postes à Falaise. L'ennui, la solitude, le désir de savoir. Un professeur de philosophie s'entiche d'elle et, entre un cours sur Platon et une déclaration d'amour, lui parle du saint-simonisme. La vie en communauté, les prêches dans les quartiers ouvriers, le désir d'émanciper la femme, tout cela la fascine. Elle écrit à la secte saint-simonienne. On lui répondra vite [27] en l'encourageant vivement à monter à Paris. A l'époque, elle se décrit elle-même comme ayant « un caractère fort doux et sans faiblesse. Jamais de caprice ni d'humeur. Un peu de mélancolie mais pas de tristesse habituelle, inaccessible à la douleur, religieuse [28]. » Un seul défaut, ajoute-t-elle : une teinte un peu romanesque dans les idées et trop d'exaltation. Elle veut échapper à un monde de plomb qui l'entoure et l'étouffe. Elle souffre, se tourmente et saute le pas. Elle est fort bien accueillie dans la communauté saint-simonienne où Charles Lambert devient son directeur de conscience. Elle apprend la doctrine, gagne sa vie comme sous-maîtresse et découvre l'amour.

« Je deviens audacieuse. D'abord je craignais de blesser. Vous m'avez dit que je ne savais pas caresser et je le croyais. J'étais gauche comme un jeune chirurgien. Le secret de ma puissance m'a été révélé [29]. »

Elle collabore au journal des prolétaires saint-simoniennes

La Femme nouvelle, sous le nom de Marie Pauline, écrit beaucoup d'articles sur Mérimée, Byron, tout en notant dans sa
correspondance ce qu'elle éprouve intimement :

« Je suis une femme d'amour mais non d'amour mystérieux, d'amour de chair autant que de cœur, d'amour complet
enfin. »

« Depuis que je suis ici j'ai eu des rages de désir à me rouler
dans mon lit en criant. Voilà une nature qui ne vous semble
pas belle sans doute mais je ne me farde pas. Il faut que les
femmes disent la vérité aujourd'hui. »

Elle répand la doctrine saint-simonienne, prêche avec talent
la réhabilitation de la chair, veut aller parler, aider les prostituées. Sa mère la traite de putain au moment où elle fait
devant le groupe saint-simonien vœu de célibat.

« Je ne consentirai à épouser aucun homme dans une
société où je ne pourrai pas faire reconnaître mon égalité parfaite avec celui auquel je m'unirai. Ce n'est pas une domination de ruse que je veux exercer, c'est une égalité et une liberté
parfaite. »

Elle n'épousera donc pas Jean-François Aicard et accou-
chera d'un enfant qui portera son nom et qu'elle élèvera seule.
Deux autres enfants suivront. Pour survivre, elle fait des
piges : elle travaille à la *Revue indépendante* avec George
Sand, publie de monumentales histoires de France, histoire
d'Angleterre fort bien documentées, écrit une biographie de
Thomas More et s'intéresse aux monastères de femmes :

« Sous leur forme catholique, les couvents me semblent
chose radicalement mauvaise ; aujourd'hui leur institution
nous paraît répondre à l'immortel besoin de l'âme humaine.
Ajoutons qu'une étude attentive des règles monastiques nous
fait croire aussi que des germes précieux de réorganisation
sociale sont déposées au fond de ces formes vieillies. »

Atteinte de maladie, ne pouvant plus seule assurer l'éducation de ses trois enfants, elle part pour Boussac, non loin de

Nohant, dans la communauté de Pierre Leroux. Là depuis 1844, Pierre Leroux défend l'égalité des femmes dans la société et dans la famille. Le perfectionnement du mariage devant être la base de l'émancipation. Dans la communauté, les salaires sont égaux et les éventuels bénéfices vont à l'imprimerie et à l'exploitation rurale. Pauline, dès son arrivée à Boussac, est chargée de l'éducation où elle adopte la méthode socratique. On la retrouve pendant la Révolution de 48 directrice de *L'Éclaireur de l'Indre*, avec Desage et Champseix. Elle ne reviendra à Paris qu'en décembre 1848 et assistera à de nombreux banquets où elle prêchera l'association comme seule solution à l'après-révolution. Dans *Le Peuple, La République*, elle ne cesse de répéter que l'association contient en germe la société de l'avenir. Elle ne se dit ni philosophe, ni métaphysicienne, ni politique, « en organisation, en administration, mon esprit comme mon cœur se tiennent volontiers dans le cercle du ménage et de la famille ». A l'association il appartiendra de reconstituer la famille et la société. Elle détruira la propriété, le salariat, l'exploitation de la femme par l'homme. Elle rêve d'une vie « communiauniste » qui ne violerait jamais la personnalité, l'individualité. La loi de l'association doit permettre la liberté totale de chaque individu qui n'a pour limite que la liberté des autres. « Il faut constituer l'homme libre dans une société où tous seront libres [30]. »

Parallèlement elle se bat dans les banquets, dans les réunions socialistes pour l'éducation des enfants.

« A l'éducation commune et égale des enfants des deux sexes : le socialisme, la religion nouvelle doit s'attacher à constituer de la façon la plus sainte le mariage, base de la famille. L'égalité parfaite est l'essence même de l'amour et du mariage. Avec l'éducation commune des enfants des deux sexes, l'oppression de la femme par l'homme est impossible. Avec l'éducation commune des enfants des deux sexes l'infidélité, la galanterie du monde disparaîtront car pour l'homme toute femme devient sœur, une seule peut être épouse, amante. Avec l'éducation commune disparaît l'inégalité entre l'épouse et l'époux, inégalité qui aujourd'hui a une raison d'être par infériorité de l'éducation physique et morale et intellectuelle que reçoivent les femmes [31]. »

Le Peuple du 6 février 1849 fait paraître la communication d'un certain Pérot, maître d'école, qui lance un appel à ses collègues pour réformer l'enseignement. Viennent au rendez-vous une trentaine de personnes dont Pauline et Jeanne Deroin. Il s'agit de créer une union d'instituteurs et de professeurs libres pour lutter contre la concurrence des institutions religieuses et contre la baisse de leurs rétributions. Pauline travaille de façon passionnée, apportant son expérience d'éducation communautaire à Boussac. Sept mois plus tard l'Association fraternelle des instituteurs, institutrices et professeurs socialistes est constituée. Elle comprend un programme d'éducation que Pauline a contribué à élaborer : l'éducation doit être universaliste et l'opposition ne doit plus exister entre les métiers manuels et les professions intellectuelles. Crèche de zéro à trois ans où dès le premier pas commence l'éducation. De trois à six ans, école maternelle avec enseignement du chant, du dessin, de la gymnastique, des langues étrangères. De douze à quinze ans un tiers du temps sera consacré à l'enseignement agricole et industriel avec dès douze ans la possibilité d'une orientation professionnelle.

Et bien évidemment l'égalité totale entre les sexes :

« Nous voulons que la femme aussi bien que l'homme soit élevée comme un être libre raisonnable s'appartenant à soi-même, indépendant par son travail, son amour par sa pensée, par son caractère et non comme l'appendice de l'homme à jamais condamné à une fatale dépendance. Nous voulons que l'éducation ouvre librement à toutes comme à tous les carrières de l'industrie de l'art et de la science. »

Elle est bientôt arrêtée comme déléguée des institutrices

socialistes puis jugée avec deux autres femmes, Louise Nicaud, déléguée des blanchisseuses et Jeanne Deroin, déléguée des lingères.

Le président du tribunal apostrophe d'abord Louise en la traitant de femme Nicaud puis, on ne saura jamais pourquoi, donne du madame à la citoyenne Roland qui réagit :

« Pourquoi cette différence de traitement, monsieur le président? d'après vos usages sociaux je ne suis ici que la fille Roland, n'étant pas mariée. Appelez-moi donc ainsi, je n'en serai nullement humiliée. »

Elle est internée à Saint-Lazare où, quand elle ne défend pas les voleuses et les prostituées, elle travaille avec la déléguée des lingères Jeanne Deroin à l'après-révolution. On lui refuse de voir ses enfants. Le 2 juillet 1851, elle sort de prison exténuée et avoue :

« Loin de sentir au-dedans de moi cette joie qu'éprouvent la plupart des captifs en recouvrant la liberté, je sens une sorte de terreur à cette idée de n'être plus abritée contre le monde par ces grandes murailles qui nous gardent de lui plus sûrement qu'elles nous le gardent de nous. »

Elle a mille francs de dettes, pas de lit, pas de chaise, pas de vêtements pour ses enfants.

Pendant le coup d'État, ses intimes — Anne Greppo, Desage — sont arrêtés. Elle refuse pourtant de s'exiler.

« Je ne crains nullement d'être compromise... j'attends mon sort. Mais quel qu'il soit je l'aurai encouru en agissant en conformité avec mes principes. J'ai fait tout ce qui a été en moi pour maintenir le droit : je le ferai toujours. Ma vie et celle de mes enfants sont dévoués au salut de la République. Je ne marchanderai jamais le prix dont sera payé ce salut. Mais je ne l'achèterai pas au prix d'une déviation de principe. »

Pauline est renvoyée devant les conseils de guerre de la première division militaire. Accusée d'avoir pris part à l'insurrection. Accusée d'avoir appartenu à des sociétés secrètes.

Accusée d'avoir participé à des publications révolutionnaires.
Elle s'en défendra calmement. Non, elle n'a pas résisté.

Oui, elle assume pourtant l'entière solidarité morale. Elle
sera cependant condamnée à la déportation. Tentant de
l'expliquer, elle écrit à un ami : « Je pense qu'on a condamné
mes opinions, mes amitiés et un peu de ce pauvre nom qu'on
trouve déjà dans l'autre révolution. »

Le 23 juin, elle est embarquée pour l'Algérie.

Le long calvaire commence : Mers-el Kébir, Fort Saint-
Grégoire, El Biar, couvent du Bon-Pasteur, Bougie, Sétif. On
la sépare des autres femmes. Elle est jugée trop dangereuse.
L'emprisonnement, la chaleur, l'humiliation.

En novembre, elle se retrouve libre en peignoir de toile, sou-
liers de coutil. Hallucinée.

« Je frisonnerai toute ma vie, je crois, en songeant à ce que
j'endurai sur ce pont, malade de la mer comme je ne l'avais
jamais été. Je suis restée vingt-quatre heures couchée au
milieu de l'eau sans qu'aucun être humain m'offrît de
secours. »

Elle tente d'arriver à Paris.

Elle meurt exténuée à Lyon dans une solitude totale.

Flora et Pauline. Deux destinées qui ont fini par se ressem-
bler. Des vies faites de ruptures. Une indépendance sans cesse
arrachée. La même solitude, la même expérience de la maternité : l'une ayant choisi d'être mère célibataire, l'autre y étant
rapidement acculée.

La misère, le dénuement, les moments difficiles, les tenta-
tives de suicide. La volonté de ne pas se laisser harponner par
les hommes : elles voulaient des relations d'égalité. C'était à
prendre ou à laisser. Elles ont beaucoup effrayé et ont préféré
finalement l'amour de l'humanité.

Elles n'avaient ni l'une ni l'autre l'éducation pour parler en public, pour écrire des livres. C'est dans les luttes au combat des ouvriers qu'elles se sont transformées.

Elles se sont toutes deux données : données à la cause des femmes, données à la cause des ouvriers.

Leur corps s'est progressivement miné. Elles ont payé de leurs souffrances les paroles qu'elles ont prononcées.

Elles sont mortes exténuées, arrêtées dans leur lutte.

Elles ne sont pas donneuses de leçons. Elles n'ont jamais imaginé être des figures de l'exemplarité.

D'un côté Flora, de l'autre Pauline.

L'une on la connaît. L'autre pas. Il y a encore des dizaines et des dizaines de femmes du siècle passé à retrouver, des destinées à méditer cent cinquante ans après.

NOTES

1. Le féminisme de maintenant retrouve sa propre histoire. Les femmes relisent avec délices ce qu'elles avaient lu petites un peu contraintes, comme les Œuvres de George Sand, et redécouvrent les bourgeoises comme Daniel Stern, avec *Daniel ou le visage secret d'une comtesse romantique, Marie d'Agoult* de Dominique Desanti.

2. Grâce aussi à Dominique Desanti, *Flora Tristan, vie et œuvres mêlées*, 10/18, et *Flora Tristan femme révoltée*, réédité Hachette-Littérature.

3. 3 janvier 1821. Flora Tristan, *Lettres* réunies, présentées et annotées par Stéphane Michaud, Le Seuil.

4. Oublions aussi les jugements hâtifs mais combien répétés : le Londonien est flatteur avec ses supérieurs, il n'a pas de cœur, est rempli d'orgueil, de vanité. Chauvinisme, tendance cocardière ? Mais où est donc passée la Flora internationaliste proclamant, dans la nécessité de faire bon accueil aux femmes étrangères : « Ne formons plus qu'une seule et même famille. N'étions-nous pas hommes avant que d'être Anglais, Italiens ou Français ? » François Bédarida tente, dans la préface des *Promenades dans Londres* (Maspero, 1978), de la justifier en rappelant que d'autres socialistes à la même période souffraient aussi d'anglophobie maladive...

5. *Promenades dans Londres*, p. 123.

6. *Ibid.*, p. 128.

7. Suzanne Voilquin accouchait gratuitement les prostituées, les femmes saint-simoniennes voulaient être de leur côté.

8. *Promenades dans Londres*, p. 134.

9. *Ibid.*, p. 192.

10. *Ibid.*, p. 204.

11. *Ibid.*

12. *Ibid.*

13. *Ibid.*

14. Louis Chevalier, *Classes laborieuses, classes dangereuses*. Livres de Poche, 1978.

15. *Le Livre du compagnonnage.*

16. *Le Tour de France*, Maspero, 1980. Deux volumes, p. 28; à signaler tout de même que ce journal n'était pas fait tout de suite pour la publication mais une série de notes jetées sur le papier. Après sa mort il sera publié tel quel, d'où la sincérité, la verdeur des jugements quelquefois.

17. *Le tour de France*, pp. 33-34.

18. *Ibid*, p. 34.

19. *Ibid.*, p. 35.

20. *Ibid.*, p. 36.

21. *Ibid.*, p. 37.

22. *Ibid.*, p. 199.

23. *Ibid.*, p. 200.

24. *Lettres de Flora Tristan*, p. 325.

25. *Ibid.*

26. *Ibid.*, p. 365.

27. Aglaé Saint-Hilaire.

28. Édith Thomas, *Socialisme et féminisme au XIXe siècle*, Paris, Rivière, 1956. Lettre Bibliothèque de l'Arsenal, 7777/47.

29. Édith Thomas, *op. cit.*, p. 86.

30. *Le Peuple*, décembre 1848.

31. Banquet du IIIᵉ Arrondissement, décembre 1848. On remarquera que, comme chez Flora, le ton devient mystique et que de l'union libre que pratiquait Pauline, elle est passée à l'apologie de la sainteté du mariage. Émancipation de la femme et purification progressive...

BIBLIOGRAPHIE

* De Flora Tristan :
Promenades dans Londres, Maspero, 1978. Préface de François Bédarida.
Le Tour de France, 2 volumes, Maspero, 1980. Préface de Stéphane Michaud.
Les Pérégrinations d'une paria, Maspero.
Union ouvrière, Troisième édition, E.D.HIS, 1967.
Méphis, Ladvocat, 1838.
Lettres de Flora Tristan, réunies, présentées et annotées par Sthéphane Michaud, Le Seuil. Je remercie Stéphane Michaud de m'avoir donné son texte sur épreuves, texte qui sortira à la fin de 1980.
L'Émancipation de la femme ou le Testament de la paria, publié par Constant, Paris, 1845. *Nécessité de faire bon accueil aux femmes étrangères*, 1836.

* Sur Flora Tristan :
Dominique Desanti, *Flora Tristan vie, œuvres mêlées*, 10/18, 1973.
Dominique Desanti, *Flora Tristan, femme révoltée*, réédition Hachette-Littérature, 1980, et bien sûr l'ouvrage capital, monumental, de J. L. Puech, *La Vie et l'œuvre de Flora Tristan*, 1925. C'est grâce à lui que Flora a été tirée de l'oubli.
Aimer en France, de Stéphane Michaud, Faculté des lettres de Clermont-Ferrand, 1980. La prostitution comme interrogation sur l'amour, 1830-1840.
J.-L. Puech, *Flora Tristan et le saint-simonisme*, 1925.
George Sand, *Correspondance* éditée par Georges Lubin, Garnier.

Lorenz von Stein, *Histoire du mouvement socialiste*, Leipzig, 1950, où il est question de façon critique de Flora Tristan.

* Sur Pauline Roland :
Édith Thomas, *Pauline Roland. Socialisme et féminisme au XIXᵉ siècle*, Rivière, 1956.
Marguerite Thibert, *Le Socialisme dans le féminisme français*, Giard, 1926.
Marguerite Thibert, « Une apôtre socialiste de 48 : Pauline Roland », *Bulletin de la Révolution de 48*, 1925.
Evelyne Sullerot, *Histoire de la presse féminine des origines à 1848*, Colin, 1966.
Evelyne Sullerot, « Journaux féminins et luttes ouvrières » *in* Jacques Godechot *La Presse ouvrière. 1819-1950*, Bibliothèque de la Révolution de 1848.

* De Pauline Roland :
— Sa correspondance éparpillée à la Bibliothèque de l'Arsenal.
— Ses articles dans les journaux *Le Peuple, La République, La Feuille du Peuple*.
— Ses livres qu'on peut trouver à la Bibliothèque nationale : dans le texte de Gustave Lefrançais, *Souvenirs d'un révolutionnaire*, Bruxelles, 1902, il est souvent question d'elle.

* Sur la période :
Tous les articles de Geneviève Fraisse et Lydia Elhadad tant sur les saint-simoniennes que sur George Sand, tous parus dans l'excellente revue *Révoltes logiques*. Ainsi que le texte de Jacques Rancière, nᵒˢ 1, 2, 8-9. Les textes de Claire Démar, « L'affranchissement des femmes », réunis et présentés par Valentin Pélosse, 1976.
Suzanne Voilquin, *Souvenirs d'une fille du peuple ou la saint-simonienne en Égypte*, Maspero, 1978.
Suzanne Voilquin, *Mémoires d'une saint-simonienne en Russie*, présenté par Maïté Albistur et Daniel Armogathe, Édition des femmes, 1979.
Louis Chevalier, *Classes laborieuses, classes dangereuses*, Livre de Poche.
Michèle Perrot, *Enquête sur la condition ouvrière au XIXᵉ siècle*, Hachette, 1972.
Dominique Desanti, *Daniel ou le visage secret d'une comtesse romantique, Marie d'Agoult*, Stock, 1980.

Femmes écrivains

par Béatrice Slama

Écrivain n'a pas de féminin, on le sait bien. Que faire quand on est femme et qu'on écrit ? Assumer jusqu'au bout ce masculin comme Rachilde qui, à la fin du siècle, faisait graver sur ses cartes de visite : Rachilde, homme de lettres ? Ou dénoncer cette exclusion du féminin en tentant d'imposer une nouvelle appellation ? Certaines se disent aujourd'hui écrivaines ; un siècle plus tôt, des femmes lançaient le mot *auteures*. Sans grand succès, il est vrai. *Eppur...* Des femmes, beaucoup de femmes écrivent au XIXe siècle. Les manuels scolaires en ont retenu deux. Les deux « grandes » : Mme de Staël et George Sand. « Extraits choisis » et notices biographiques ont figé deux « vies », deux « œuvres ». *De la Littérature* et *De l'Allemagne* : Mme de Staël, une vulgarisatrice de génie, ses démêlés avec Napoléon, Coppet, sa liaison orageuse avec Benjamin Constant. George Sand : *La mare au Diable, La petite Fadette, François le Champi,* ses amours avec Chopin, avec Musset, le voyage à Venise. Germaine est laide, la gloire n'est pour elle que « le deuil éclatant du bonheur ». George s'habille en homme, fume la pipe, se passionne pour le socialisme de Pierre Leroux, idéalise des histoires attendrissantes et finit en « bonne dame de Nohant ». Quelques lignes encore évoquent Marceline Desbordes-Valmore et ses vers inconsolés qui pleurent d'amour.

Si l'on pense à « l'oubli » des femmes qui ont écrit et publié au XVIIIe siècle, ce n'est pas rien. Ce n'est pas beaucoup non plus. Qui a lu aujourd'hui, sinon des universitaires spécialisés, la *Corinne* de Mme de Staël qui a bouleversé tant de cœurs et fait rêver tant de femmes ? George Sand a écrit plus de cent romans. Il a fallu attendre ces dernières années pour qu'on réédite *Indiana, Lelia, Consuelo*, ses écrits autobiographiques et les milliers de pages de sa correspondance actuellement au cours de publication. Quant à la femme écrivain du XIXe siècle qui reste sans doute la plus éditée et rééditée, elle ne figure pas dans les manuels scolaires, c'est la comtesse de Ségur.

Pour ces trois femmes proposées à la postérité, que de noms, de titres ignorés. Tout au long du siècle pourtant, des romancières du Premier Empire aux centaines de « femmes auteurs » de la Troisième République, de plus en plus nombreuses sont les femmes qui écrivent et publient. En 1836, on commence à éditer une *Biographie des femmes auteurs contemporaines* dont trois volumes sont parus. En 1894, O. Uzanne parle même de 1 219 femmes inscrites à la Société des gens de lettres et de 32 inscrites à la Société des auteurs dramatiques. Certaines de ces femmes ont connu une véritable célébrité, plusieurs de leurs textes ont été traduits en diverses langues. Victor Hugo notait en 1817 que la romancière Sophie Cottin était considérée comme le meilleur écrivain de son époque. Anaïs Ségalas était réputée pour ses poèmes. Certaines de ses pièces étaient jouées à l'Odéon. Lamartine appelait Delphine Gay « la dixième muse » et Marie d'Agoult rayonnait dans un des salons les plus brillants de Paris. Si on connaît aujourd'hui le nom de quelques-unes de ces femmes, c'est le plus souvent à travers celui de leurs amants célèbres : Hortense Allart et Chateaubriand, Marie d'Agoult et Liszt, Louise Colet et Flaubert.

Ce silence, cet ensevelissement s'expliquent-ils par la « médiocrité » de textes rapidement « démodés » et devenus « illisibles » ? Beaucoup d' « écrivantes », peu d'écrivains, aurait dit Barthes. Peut-être est-ce les « classer » un peu vite. Faut-il d'ailleurs juger de ces œuvres par référence à de seuls critères esthétiques ? Le fait social, historique que représente cette irruption des femmes dans le monde des gens de l'écriture, de la publication et de la presse ne doit-il pas retenir l'intérêt ? Comme le foisonnement et la diversité des œuvres de ces générations de femmes, de la *Corinne* du début du siècle au *Monsieur Vénus* de Rachilde, dans le « décadentisme » de la fin du siècle, au premier *Claudine* qui, en 1900, ferme le XIXe et ouvre le XXe ? Ne faut-il pas interroger les images que des femmes se sont faites de ce siècle et d'elles-mêmes, et les formes que ces images ont prises ?

D'où viennent ces femmes ? Quelles femmes étaient-elles dans leur vie quotidienne ? Pourquoi écrivent-elles ? Qu'écrivent-elles ? Se disent-elles « différentes ? » Disent-elles « autrement » ?

Journalistes et femmes de lettres

Certes, il y avait des femmes écrivains avant le XIXe siècle. Parisiennes ou provinciales, elles appartenaient essentiellement au monde de l'aristocratie qui leur offrait des possibilités d'éducation et des loisirs. Mais, dès le XVIIIe siècle, les romancières anglaises sont souvent issues de la bourgeoisie moyenne. Il faudra attendre un siècle de plus en France pour qu'il en soit ainsi. Aristocrates, elles le sont d'ailleurs souvent encore ; parfois certaines sont ruinées comme la duchesse d'Abrantès ou sont étroitement liées à la bourgeoisie intellectuelle, comme la baronne Dudevant et la comtesse d'Agoult. Mais nombreuses sont celles directement issues de la bourgeoisie : Sophie Cottin, Hortense Allart, Delphine Gay, Anaïs Ségalas,

Amable Tastu, Louise Ackermann, Virginie Ancelot, Henriette Raybaud, Léontine Goirand, Clémence Royer, Juliette Lamber Adam, Séverine, Rachilde et tant d'autres. Elles viennent même de milieux pauvres et populaires comme Marceline Desbordes-Valmore, Flora Tristan, institutrices comme Élisa Mercœur, travailleuses comme Augustine Malvina Blanchecotte, ouvrière de l'aiguille, et Antoinette Quarré, ouvrière lingère à qui Lamartine adresse une Épître, salut du grand poète à celle qui doit « gagner miette à miette un pain trempé de fiel », « dans un labeur vulgaire » « pour un vil salaire ».

Fait nouveau au XIXᵉ siècle, les femmes qui, jusqu'alors, présentaient leur écriture comme « l'honnête passe-temps » dont parlait Louise Labé ou ne signaient pas leurs œuvres comme Madeleine de Scudéry, Mme de Lafayette ou Mme de Tencin, vont revendiquer le statut de « femme auteur », d' « auteure ». La femme auteur devient un type romanesque, de *Corinne* au *Tournant des Jours* de Daniel Lesueur, et George Sand inspire la Béatrix de Balzac. Corinne, la femme poète, sert de modèle et de référence : Delphine Gay qui récite ses poèmes à l'Abbaye-aux-Bois devant Mme Récamier et la duchesse de Duras est « Corinne enfant », Marie d'Agoult « la Corinne du quai Malaquais ».

Comment toutes ces femmes ont-elles fait leurs « premières armes littéraires » ? Comment ont-elles pu accéder à la publication ?

Un événement considérable leur offre de nouvelles possibilités : le développement de la presse, la multiplication et la diffusion des journaux, surtout peut-être la naissance et la vogue du feuilleton. Bien des femmes ont confié leurs premières œuvres à un journal local. *Le Journal des Demoiselles* imprime des nouvelles d'Antoinette Quarré. Publiée pour la première fois dans *Le Siècle*, Juliette Lamber s'écrie : « Je serai un écrivain. » Les saint-simoniennes, les femmes des clubs de 1848, les féministes de la Troisième République fondent des journaux : action et écriture sont pour elles inséparables. En 1897, naît le premier quotidien entièrement écrit par des femmes, *La Fronde*. Le journalisme conduit souvent à l'écriture « littéraire » poétique, théâtrale, romanesque. Des « femmes de lettres » écrivent des articles. Delphine Gay se fait connaître comme chroniqueuse sous le nom de Vicomte de Launay. Daniel Stern tient une chronique d'art comme plus tard Daniel Lesueur. Séverine, grande journaliste et chroniqueuse, écrira un roman autobiographique, *Line*.

Se faire éditer n'est pas facile. Juliette Adam nous raconte les déboires de ses *Idées antiproudhoniennes* longtemps refusées d'éditeur en éditeur. Encore avait-elle, grâce à un don de son père, l'argent pour couvrir les frais d'édition.

Il y a évidemment d'un itinéraire à l'autre d'énormes différences. On n'a pas les mêmes perspectives quand on est une pauvre et obscure ouvrière de Dijon, à l' « horizon sans ciel » selon le mot de Lamartine, tirée provisoirement de l'ombre par des protecteurs qui font publier ses *Poésies*, ou qu'on appartient aux milieux parisiens des salons et de la presse, qu'on côtoie, qu'on fréquente, qu'on reçoit hommes célèbres et puissants de l'époque. Comme Aurore Dudevant, comme Delphine Gay, épouse du patron de *La Presse*, Émile de Girardin, comme Marie d'Agoult. Encore leur a-t-il fallu « réussir », *devenir* George Sand ou Daniel Stern. Caroline Rémy s'est faite Séverine, Marguerite Eimery Rachilde.

Femmes hors normes, vies hors normes plus romanesques que des romans. Elles rompent les amarres, quittent, adolescentes, leur famille, leur province comme Séverine et Rachilde ou, comme George Sand, Marie d'Agoult et Flora Tristan, leur mari, parfois leurs enfants. Révoltées contre la vie réservée aux filles ou contre l'étouffement et la servitude conjugale, folles de liberté ou de passion. Marie d'Agoult se fait enlever par Liszt, met au monde trois enfants adultérins que le père seul peut reconnaître. Hortense Allart refuse le mariage et, « mère célibataire », a deux enfants qui portent son nom. Elles partent dans l'inconnu, pleines d'espoir, vers Paris « l'étape ascensionnelle qu'il faut franchir » ou, déçues, meurtries après l'échec amoureux comme Marie d'Agoult seule, coupée de son milieu, qui va à la conquête d'une existence nouvelle : Paris, à nous deux.

« Lionnes » aussi contradictoires que leurs héroïnes, fortes et vulnérables, « vagabondes » qui fuient et recherchent « l'entrave ». Mais plus affranchies encore. Non pour la part de scandale qui s'attache à certaines d'entre elles. Non parce que quelques-unes portent le vêtement masculin, s'affichent dans les cafés ou affichent leurs amants. Mais parce que chacune, dans la lutte qu'elle affronte contre la famille, la société, l'institution, contre elle-même, tente, dans ses contradictions et dans la voie qui est la sienne, de devenir, selon une formule de Rachilde, « l'aventurière de sa propre aventure ».

En quête d'une identité, de l'autonomie, du bonheur ou de la justice, elles s'ouvrent à la vie sociale, à la politique, à l'histoire. Vies fiévreuses, liées aux grands courants qui emportent le siècle, en prise sur l'Histoire en train de se faire. Flora Tristan appelle à l'émancipation des femmes et à celle des salariés, écrit *L'Union ouvrière*. Le rêve de femme-messie, de femme-apôtre qu'elle met en scène dans son roman *Méphis*, Flora le vit dans son « tour de France », exhortant, de ville en ville, les ouvriers à s'organiser comme l'avaient fait les bourgeois en 89 et créant des cercles de l'Union. George Sand se passionne pour les idées socialistes, partage les espoirs et les défaites de 1848. Marie d'Agoult, aristocrate enthousiasmée par la République, suit les événements au jour le jour et écrit son *Histoire de la Révolution de 1848*. Séverine, compagne et collaboratrice de Jules Vallès, sera de toutes les batailles politiques de son époque. Militantes de la Commune, déportées, emprisonnées, Louise Michel, Andrée Léo sont aussi journalistes, poètes, romancières.

Ecrire, pourquoi ?

Comment ces femmes sont-elles venues à l'écriture ? Comment sont-elles devenues écrivains ?

S'en tenir aux motivations que les historiens de la littérature et les critiques prêtent complaisamment aux femmes qui écrivent est pour le moins insatisfaisant. L'ennui, l'oisiveté, la laideur ou l'âge ? L'écriture, occupation, « ouvrage de dames » parmi d'autres ? Ersatz de la vie ? Ou narcissisme féminin ?

Écriture-compensation, écriture-miroir : certes, pour bien des femmes comme pour bien des hommes d'ailleurs. Mais ces lieux communs masquent ce que peut signifier pour une femme le simple fait d'écrire, les difficultés, les interdits à vaincre.

Pour écrire, il faut avoir quelque culture. Or les femmes sont alors, le plus souvent, instruites on ne sait comment dans des couvents, dans leurs familles ou pas instruites du tout, autodidactes comme Marceline, Flora Tristan, Antoinette Quarré et tant d'autres. Celles qui, par les bibliothèques familiales, avaient accès à la culture, dévoraient, apprenaient sans relâche, comme George Sand à Nohant, comme plus tard Virginia Woolf, pour entrer dans ce monde dont elles se sentaient exclues. Parce qu'elles avaient suivi l'enseignement primaire supérieur, certaines rêvaient de publication et dès que, à la fin du siècle, l'enseignement secondaire puis l'enseignement supérieur s'ouvriront aux filles, les vocations se multiplieront.

Il faut aussi pour écrire pouvoir gagner quelques heures sur l'affairement quotidien, trouver un coin de solitude sinon « une chambre à soi ». Déjà au XVIe siècle, Madeleine des Roches évoquait la difficulté pour une femme de s'isoler avec la feuille blanche sans être constamment appelée ailleurs.

J'aurais voulu, disait-elle, « au papier mes peines soupirer mais quelque soin m'en vient toujours tirer ».

Difficulté surtout de s'exposer, d'écrire tout haut. Louise Ackermann fait cet aveu dans *Ma vie* : « Mon mari ne sut jamais que j'écrivais », « la femme qui rime est toujours plus ou moins ridicule ». Elsa Triolet et Clara Malraux n'ont-elles pas, dans notre XXᵉ siècle, longtemps caché à leurs maris (pourtant — ou parce que — écrivains eux-mêmes) qu'elles écrivaient et ce qu'elles écrivaient ?

Difficulté d'être publiée, lue par d'autres, livrée à la malveillance, à la dérision, à l'incompréhension, à la condescendance. Voire à la spoliation. Connaît-elle le succès, il arrive à la femme écrivain d'être dépossédée de son œuvre. La première édition des *Idées antiproudhoniennes* ayant été finalement bien accueillie, M. La Messine, le mari d'alors de Juliette Lamber, décide de s'approprier la seconde édition et la signe de son nom. « La loi m'autorise, dit-il, à me mettre en possession de ce qui ressort de la communauté. Tout travail de la femme appartient au mari. » Dans d'autres conditions, c'est ce que fera Willy qui dépouillera Colette des droits d'auteur des *Claudine*. Il y a d'autres méthodes plus subtiles de déposséder une femme. Les critiques y ont excellé, attribuant les œuvres à quelque influence, voire à une paternité masculine. « Cherchez le style », disait Barbey de George Sand, « vous trouverez l'homme », et il énumère les amants successifs « qui firent de leur personnalité une mosaïque sur le territoire berrichon de ce pseudo-génie ».

A travers les écrits autobiographiques, les romans, les correspondances, mais aussi à travers la violence des attaques qu'elles ont dû subir, on se rend compte de l'importance de ce qui se joue dans l'écriture pour beaucoup de femmes.

Pour certaines, dans la contagion romantique et l'explosion du lyrisme individuel, écrire devient, dit Marceline Desbordes-Valmore, un « besoin » pour se « libérer » de ce « frappement

fiévreux » qui l'obsède. Pour d'autres, une révélation, une possibilité même éphémère, même illusoire d'une vie autre. Pleu-
rer sa misère, son « espérance amère » en rythmant ses alexan-
drins, c'est pour Antoinette Quarré transfigurer sa misère,
c'est encore espérer. Être pour Lamartine « la jeune fille
poète », c'est se vivre autre, devenir autre que la petite lingère
qui s'épuise à ne pas mourir de faim.

Ce besoin de dire, d'exister pour les autres, Augustine-
Malvina Blanchecotte l'exprime explicitement. Elle raconte
« l'humilité qui lui a toujours été imposée et commandée ».
Elle, l'ouvrière de l'aiguille, a été « habituellement comptée
pour rien dans un monde qui ne se gênait point pour parler et
pour agir devant elle ». « Il était impossible d'échapper au
spectacle. » Écrire, c'est changer de rôle, c'est essayer de ne
plus être comptée pour rien.

Pour Marie d'Agoult, devenir Daniel Stern après l'échec, la
rupture, c'est une manière d'exiter à nouveau, c'est devenir
à la fois autre et enfin elle-même.

Il y a chez de nombreuses femmes aussi le désir de sortir de
la clôture, du morne quotidien de la vie bourgeoise par une
insertion sociale différente, la célébrité peut-être, du moins de
fuir dans l'imaginaire : vers romantiques, autobiographies
romancées, romans exotiques.

D'autres femmes ont participé à des événements, observé
des milieux, vécu des mutations profondes, côtoyé parfois
leurs principaux acteurs. De Mme de Genlis à Daniel Stern,
de Flora Tristan à Louise Michel, de la duchesse d'Abrantès à
Séverine, des femmes écrivent pour témoigner de leur époque.
L'écriture mène à l'Histoire, l'Histoire mène à l'écriture.

Est-ce bien différent pour les hommes qui écrivent ? Non,
sans doute, sinon que pour une femme, dire, exister, témoigner, être publiée transforme peut-être plus radicalement son
statut, la transforme peut-être davantage elle-même. Écrire,
pour une femme, c'est déjà en soi subversif.

Barbey d'Aurevilly le savait bien, lui qui a mené avec
d'autres une réelle offensive contre « la fureur d'écrire, le choléra des femmes du XIXe siècle », contre ce qu'on appelle, à
l'instar des Anglais, les bas-bleus : Louise Colet devient
« Mme Trissotin », Daniel Stern « rabâcheuse de progrès »,
« amazone intellectuelle qui n'a pas un sein coupé mais les
deux », « une rénégate de son sexe ». « Les femmes qui écrivent ne sont plus des femmes. Ce sont des hommes — du moins
de prétention — et manqués ! » Il fait ainsi écho au mot
célèbre de Joseph de Maistre en 1808 : dès que la femme
« veut émuler l'homme, ce n'est qu'un singe ». Et, bien sûr,
écrire c'est vouloir « émuler » l'homme. Eugénie de Guérin est
une de celles qui trouvent grâce à ses yeux. Elle n'est pas un
bas-bleu : « sœur-mère de Maurice, vierge mère — ce qu'il y a
de plus beau dans les sentiments de la femme poète et
dévote ». Barbey dénie surtout aux femmes le droit d'écrire
l'Histoire. Elles ont le cerveau trop petit pour cela. Elles sont
tout juste capables d'érudition, entre deux pots de confiture.
L'érudition, c'est une masse de détails.

Ainsi écrire, surtout au XIXe siècle, ce n'est pas tout à fait le
même acte pour un homme et pour une femme.

Cela apparaît évident quand on évoque la motivation la
plus profonde, celle qui caractérise une grande partie de la
littérature des femmes non seulement en France mais aussi
ailleurs. Pour les femmes écrivains et plus précisément dans
leurs romans, pour les Françaises comme pour les Anglaises, Allemandes, Américaines, Tchèques, Norvégiennes du
XIXe siècle, l'écriture est protestation, témoignage contre l'enfermement féminin, cri de révolte contre la condition féminine et contre la société, lutte pour « l'émancipation » des
femmes. Prise de conscience et moyen de faire prendre conscience.

Et c'est bien sur ce terrain que l'attaque est la plus viru-
lente. Pour Barbey d'Aurevilly, les femmes écrivains menacent

les familles, l'équilibre des sexes, en un mot elles sont un danger pour la société. Parlant d'Andrée Léo : « Elle a toutes les
idées communes aux bas-bleus. Négation de toute autorité, de
toute hiérarchie, fureur de l'égalité avec l'homme. Elles veulent être les maris de leurs maris. » La conclusion des *Bas-
bleus* de Barbey est claire. Face à « cette invasion de pédantes
incapables comme les Barbares de féconder le monde », invasion que « seule a permise la Démocratie, cette mère du bas-
bleuisme », « il faut renvoyer la femme à sa place comme un
enfant révolté qui mérite le fouet ».

A sa place : « *au camp des muettes* » (c'est le titre d'un
roman de 1877 de Camilla Colett, la romancière féministe
norvégienne). Proudhon ne disait-il pas : « La femme n'a que
faire de penser elle-même ? » Barbey d'Aurevilly, Proudhon,
deux personnalités opposées, mais le même cynisme, le même
aveuglement que seul peut expliquer un attachement farouche
aux privilèges de sexe. Et une formidable peur des femmes.

Mais ces femmes ne veulent pas être renvoyées « à leur
place ». Pour beaucoup d'entre elles, l'écriture devient, en
même temps qu'une affirmation d'identité, un moyen d'indépendance économique et de liberté. Elle l'avait déjà été pour
Christine de Pisan.

Certes, il y a des femmes écrivains du XIXe siècle qui ressemblent au portrait de la grande dame oisive de 1900 « parée de
soieries aguicheuses » et de « cabotinage » qui publie « un
livre élégant écrit au hasard de sa nonchalance et au péril de
la langue française », telle que la dénonçait une femme en
1919 dans le *Mercure de France* pour l'opposer à la femme
écrivain d'après-guerre, « une travailleuse ayant choisi la carrière des lettres ». Mais ces « travailleuses » apparaissent déjà
au XIXe siècle. Des hommes, des femmes leur reprocheront
d'ailleurs d'être motivées par le désir du gain. Elles seront en
effet nombreuses, surtout à la fin du siècle, à écrire de la littérature « alimentaire », des romans populaires. Le bas-bleu,

dira encore Barbey d'Aurevilly, c'est la femme « qui fait métier et marchandise de littérature ».

Les circonstances aident certaines à découvrir qu'elles peuvent vivre de leur plume. C'est à son arrivée au Pérou, au moment où elle perd tout espoir d'héritage que Flora Tristan décide de publier ses Mémoires. George Sand a tout abandonné à son mari en le quittant. Le premier roman qu'elle écrit avec Jules Sandeau lui procure « le seul moyen d'être libre, de sortir du toit conjugal. Il me fallait ce peu d'argent ». Toute sa correspondance est traversée par le souci lancinant de cette « travailleuse » qu'elle est devenue : elle vit « au jour le jour » de sa plume, se bourre de café, de cigarettes, écrit huit à dix pages par nuit, s'endort, se réveille. Elle travaille « à la chaîne », obligée « de donner au fur et à mesure avec précipitation » ce qu'elle vient « d'écrire à la course ». Mais c'est, dit-elle, « me réconcilier avec moi-même que je ne pouvais souffrir, oisive et inutile, pesant, à l'état de maître, sur les épaules des travailleurs ». L'écriture est aussi pour elle « une passion. Le métier d'écrire en est une, violente, presque indestructible ».

Métier et passion : un nouveau statut de l'écriture se dessine pour les femmes. Elle est plus que jamais conquête féminine.

« les œuvres fatalement autobiographiques de la femme »...

C'est un lieu commun, dans l'histoire littéraire, de reprocher aux femmes écrivains de ne parler que d'elles, d'être « impuissantes à sortir de soi ». Jean Larnac qui, en 1929, tente d'écrire une « histoire de la littérature féminine en France » le répète encore.

Pourtant, et justement en ce XIXe siècle, des œuvres historiques, des textes théoriques, des essais, des milliers d'articles et de chroniques ont été écrits par des femmes. *De la littérature* et *De l'Allemagne* sans doute, mais aussi l'*Essai sur la liberté, Esquisses morales et politiques* et l'*Histoire de la Révolution de 1848* de Daniel Stern, *La Femme et la démocratie de nos temps* d'Hortense Allart, *Lettres parisiennes* de Delphine de Girardin, *Promenades dans Londres* et *L'Union ouvrière* de Flora Tristan, *La Commune* de Louise Michel, les *Pages rouges* de Séverine. Au cours de ce siècle, quelques femmes ont pu sortir du rôle d'absente ou de figurante de l'Histoire auquel elles étaient vouées et en devenir témoin actif, actrice.

Mais il est vrai que les femmes parlent souvent d'elles.

Dans des poèmes romantiques où des femmes pensent trouver le rythme, la forme de l'aveu, de la plainte, du cri : amour fou, désespoir de l'attente et de l'abandon de Marceline Desbordes-Valmore, tendresses de la maternité d'Anaïs Ségalas, déchirement de la solitude de Louise Ackermann, déréliction et élans mystiques d'Eugénie de Guérin. Dans des autobiographies. Dans des romans.

« Le roman a toujours été le domaine des femmes », écrivait Sophie Cottin au début du siècle. Les femmes avaient déjà derrière elles une brillante tradition de romancières, de Mme de Lafayette à Mme de Charrière ou Mme de Tencin. Dans ce grand siècle du roman, les femmes qui écrivent s'y essaient ou s'y consacrent.

Ce sont parfois de grands romans romantiques, fiévreux et passionnés, dérive de l'imaginaire vers des lieux et milieux étranges et mystérieux, châteaux, catacombes, prêtres inquiétants, sociétés secrètes, variations sur l'enlèvement, la fuite, le viol, le complot, l'amour impossible, l'étranglement, le suicide, le mariage in extremis. A l'image d'un siècle où tout paraît possible et voué à l'échec, menaçant et exaltant. Fantasmes aussi de vies déçues, étriquées, qui cherchent la vraie vie ailleurs. Ces modèles sont tellement prégnants qu'on les retrouve

chez l'auteur de la douce *petite Fadette* — qu'on lise *Lélia* ou
Consuelo —, sous la plume de la militante de la Commune,
Louise Michel, quand elle collabore au roman *La Misère,* ou de
la socialisante Daniel Lesueur, à la fin du siècle.

Ce sont aussi des romans unis, dépouillés, en demi-teintes,
sur le ton de la confidence, des journaux intimes, des « histoires » qui évoquent avec nostalgie ou interrogent les com-
mencements d'une existence féminine, les tournants qui peuvent décider d'une vie. Espoirs, chimères, peines des femmes,
lente quotidienneté de vies où rien ne se passe, où tout se
passe. Du *Journal* d'Eugénie de Guérin à celui de Marie
Bashkirtseff, du subtil *Vingt-quatre heures d'une femme
sensible* de la princesse de Salm-Dyck aux *Journées de femme*
de Mme Alphonse Daudet.

Sous les oripeaux d'un scénario à grand spectacle ou dans
la simplicité d'une intrigue linéaire, ce sont le plus souvent des
« histoires de vies » de femmes : *Delphine, Malvina, Corinne,
Valérie, Ourika, Indiana, Lélia, Jeanne, Consuelo, Nelida,
Clémence, Prudence,* et tant d'autres. Des histoires où l'auto-
biographie se mêle à la fiction. Oui, Corinne c'est moi, Lélia
ou Nelida, c'est moi.

Mais qui d'autre, en leur place, parlerait des femmes ?
Colette, dans *La Naissance du Jour,* interroge avec humour :
« Homme, mon ami, tu plaisantes volontiers les œuvres
fatalement autobiographiques de la femme. Sur qui comptais-
tu donc pour te la peindre, te rabattre d'elle les oreilles, la des-
servir auprès de toi, te lasser d'elle à la fin ? Sur toi-même ?
Tu es mon ami de trop fraîche date pour que je te donne grossièrement mon avis là-dessus. »

Peindre les femmes. Plutôt les « reconstruire », comme
l'écrit A.-M. Blanchecotte dans ses *Impressions d'une femme,*
face aux images d'elles-mêmes qui les ont « *faites autres* » :
« Et vous vous y êtes trompées vous-mêmes [...], miroirs qui
reflétez autrui » [...] « votre cœur seul est demeuré intact car

l'exploration en est encore à faire. Cette tentative nous reste toute ».

Exploration du cœur des femmes, « vérité » sur les femmes ou « vérité » des femmes, c'est ce que les femmes qui écrivent tentent de faire, de découvrir, de dire. Même si elles restent souvent enfermées dans les représentations reçues et se perdent dans des mirages idéalisants. Sur « l'autre scène », celle de l'imaginaire et de l'écriture, elles se projettent, s'irradient. Mais aussi elles s'interrogent, se cherchent. Elles figurent leurs conflits, leurs contradictions, les anciennes images qui leur collent à la peau et aux mots et les nouvelles qu'elles tentent de construire. Elle et son double : Corinne l'artiste solitaire et sa sœur aristocratique et rangée qu'Oswald épousera, Indiana la révoltée et Noun, la douce sœur de lait dont on se joue et qui en meurt ; Lélia et sa demi-sœur courtisane ; la « cerveline » indépendante de la fin du siècle et la tendre jeune fille qui se dévoue à son frère et attend l'époux. Si opposées et si secrètement parentes. L'une et l'autre. Ni l'une ni l'autre.

L'amour, le mariage sont au xixe siècle les thèmes obsédants des romans de femmes. Mais quand elles parlent d'amour, c'est encore la question d'identité, d'identité-femme qui est en jeu : se trouver ou se perdre. Qui suis-je pour l'autre ? Qui suis-je dans la société ? Qui suis-je ? Au discours lancinant du siècle sur « l'infériorité de la femme », les femmes dans leurs textes tentent de répondre et de se répondre.

Au moment où Proudhon affirme péremptoirement que la femme « inférieure à l'homme », est « le maillon intermédiaire entre lui et le reste du règne animal », et où Michelet lui-même qui tente de défendre l'intelligence féminine en exaltant la finesse de ses circonvolutions cérébrales ne la présente pas moins comme un enfant émotif et malade, les femmes dénoncent la situation qui leur est faite, l'infériorité que tentent de forger l'éducation, les lois, les images que le sexe qui les gou-

verne leur impose et dont il est responsable. Idiotie, ignorance, faiblesse, vanité, voilà, selon George Sand, les travers
que l'éducation donne aux filles. « Qu'elle s'instruise et son sort
pourra changer » : c'est la grande revendication et la grande
espérance féminines du siècle. Elles passent de texte en texte.

En ce siècle où la législation va interdire pour des décennies
le divorce, le mariage apparaît plus que jamais comme la geôle
des femmes : cet « ordre social qui, les laissant sans profession,
les tient dans la dépendance en même temps qu'il rive leurs
fers par l'indissolubilité du mariage », écrit Flora Tristan dans
l'avant-propos aux *Pérégrinations d'une paria*. De Mme de
Staël à Juliette Lamber qui écrit ses *Idées antiproudhoniennes
sur l'amour, la femme, le mariage,* et Andrée Léo, la militante
de la Commune avec ses romans *Un mariage scandaleux* et *Un
divorce,* des femmes écrivains ont fait le procès du mariage.
C'est George Sand qui incarne dans ses romans la révolte
contre le mariage bourgeois, mariage de convenance, « affaire
matrimoniale » où les femmes, monnaie d'échange, sont
livrées « comme des pouliches ». Mariage « prostitution
jurée ». Une femme écrivain décrit le lit nuptial le jour des
noces comme le « lit de la débauche et de la prostitution ».
Daniel Stern met en scène dans *Valentia* ce qui n'est qu'une
nuit de torture. Le devoir conjugal, c'est le viol légal, un
« rapprochement ignoble » s'il est sans amour, dit George
Sand. D'*Indiana* à *Lélia*, à *Jacques* dont la parution suscite
le scandale mais enthousiasme Tchernitchewski et Dostoïevski,
elle dénonce une « des plus odieuses institutions de la société »,
« une loi qui fait de la femme l'esclave et la propriété de
l'homme », qui consacre « l'infériorité et la nullité sociale de
la femme ».

Mais, au-delà de l'institution, au-delà de la violence, de la
brutalité, de l'égoïsme, des exigences du mari, de ce « pacha
au petit pied » que dénoncera plus tard Colette, c'est le rapport homme-femme qui est en question dans ces romans. Tous

les couples, mariés ou non, sont malheureux. Au critique
Désiré Nisard qui l'accuse de vouloir « la ruine des maris » et
de faire de l'amant « le roi de ses livres », George Sand
réplique que, dans ses romans, l'amant est aussi décevant que
le mari : inconstant ou inconsistant, infidèle à la femme qui
l'aime ou à l'image qu'elle s'en est faite. Ainsi le bonheur,
« idéal de l'amour », est-il impossible « dans des conditions
d'inégalité, d'infériorité et de dépendance d'un sexe vis-à-vis
de l'autre [...]. La femme en se donnant à l'homme est nécessairement ou enchaînée ou coupable ».

Il ne peut y avoir — fût-ce avec un amant — d'amour heureux sans transformation des rapports des sexes. L'amour est
tourment, humiliation, défaite. Le refus-repos reste, deux
siècles après *La Princesse de Clèves*, la tentation contre la
souffrance et l'abandon. Enfermées dans le mythe du « lys »
inaccessible ou découvrant, comme l'indique Daniel Stern,
que la coquetterie est une arme, certaines femmes pensent que
la seule victoire possible est le refus : « exciter la passion sans
la satisfaire », dit Daniel Stern, « qui consent à aimer n'est pas
aimée », constate A.-M. Blanchecotte.

Le refus ou la mort : face à la trahison de l'homme aimé,
que d'héroïnes meurent d'amour, de langueur ou se suicident,
de Corinne à la Napoline de Delphine de Girardin qui, malgré
sa lucidité et son humour, se donne la mort pour un être dont
elle découvre qu'il est inconstant et intéressé.

Ce que les femmes mettent en scène dans ces rapports du
couple, c'est en fait la supériorité féminine.

Supériorité un peu maternelle et éducatrice parfois.
« Compagnes et institutrices des hommes », beaucoup de
femmes voient encore ainsi le rôle qu'elles ont à jouer. On
pense à Madeleine dans *François le Champi*, à Marie dans *La
Mare au Diable,* à Fadette, à Jeanne. Supériorité morale surtout. « Supériorité de l'âme » qu'évoque l'Ourika de la
duchesse de Duras. Celle de Geneviève, de Lucrezia, person-

nages de George Sand. Supériorité dans leur féminité même, dans leurs valeurs qu'elles affirment, dans leur manière d'être au monde, de vivre, de sentir qui donnent aux textes de femmes une tonalité particulière. Les héroïnes de roman prennent leur vie corps à corps, elles l'assument dans son quotidien, même et surtout quand elles l'idéalisent. Elles sont faibles et fortes. Comme Indiana, « fatiguée du poids de l'air et capable de porter le ciel » et dont « la force de résistance » est « incalculable contre tout ce qui tendrait à l'opprimer ». Supériorité intellectuelle parfois. Quelques-unes de ces héroïnes sont des artistes, des génies, des femmes exceptionnelles : Corinne, la Maréquita de Flora Tristan, Nelida, Consuelo.

La supériorité des femmes s'affirme face à la médiocrité des hommes qu'elles aiment, dieux tombés de leur piédestal qui savent si mal les aimer. Elle éclate surtout — comme d'ailleurs dans les romans masculins, d'*Adolphe* au *Lys dans la Vallée* — dans leur manière d'aimer, entière, généreuse qui les amène à s'oublier jusqu'à se confondre avec l'autre (« Je n'étais plus moi-même, j'étais toi », chante Marceline), à se sacrifier pour l'autre, comme l'aurait fait Corinne. Supériorité aussi dans leur conception de l'amour. « Vivre un amour immense sans entrave ou sans fin » « ou mourir », rêve de femme que l'on retrouve sous la plume de Marie d'Agoult. Rêve d'union totale qui ne se limiterait pas à « la satisfaction des passions », mais où, dit George Sand dans *Histoire de ma vie*, « les âmes se cherchent toujours dans une sorte d'alliance intellectuelle et morale où chaque sexe apporte ce qui est le complément de l'autre ».

Cet amour « grand, noble, beau, volontaire, éternel » est son « utopie » et « cet amour », écrit-elle à Désiré Nisard, « c'est le mariage... ». Non le « faux mariage » mais ce mariage-union qui apparaît dans l'imaginaire romanesque, comme l'accomplissement d'un amour idéal.

Statut ambivalent du mariage dans les romans : perte des illusions, prison domestique, il est aussi porte qui s'ouvre, issue triomphante, il fournit le *happy end* de bien des romans de femmes, même de ceux de George Sand. Ainsi coexistent contradictoirement la réalité que les femmes dénoncent et le rêve indéracinable d'une union réussie, le sentiment aussi qu'aucune autre perspective ne s'ouvre encore pour elles.

« Langage du corps »

Pour les femmes, l'amour serait, selon Sophie Cottin, « l'histoire de leur vie tandis qu'il est à peine l'épisode de celle des hommes ».

Histoire de leur vie ou histoire qu'elles se racontent, en marge d'une vie qui s'écoule et menace de se perdre dans le flux du quotidien ?

Cette place exceptionnelle que l'amour a dans l'imaginaire des femmes, « *passion pivotale* de toutes ses pensées », dit Flora Tristan, ne peut s'expliquer par la seule vocation « féminine » à aimer. Cette fulgurance d'une rencontre, d'une passion qui embrase et traverse une existence, cette plénitude d'être : être pour l'autre, être pour soi, plénitude soudain du monde transfiguré, l'amour l'est aussi pour l'homme, comme la souffrance et la déréliction, le monde « dépeuplé » quand « un seul être vous manque », thèmes obsédants de tant de poètes et écrivains en ce siècle romantique évoqué. Peut-être est-ce justement une des fonctions de la poésie et du roman de permettre à l'homme d'avouer ou de s'avouer sur la scène de l'imaginaire la place de ce qui, dans sa vie, ne paraît être qu'un « épisode ». L'homme aussi a besoin pour se sentir exister de ce « témoin de sa vie » dont rêve si souvent la femme.

Mais l'amour est peut-être aussi pour les femmes autre chose. Besoin de dépasser les limites, désir d'absolu, valeur refuge dans une société « bourgeoise et matérielle » où « tout est calcul » et dont « le vrai dieu est l'argent ». Don de soi, religiosité fervente qu'elles investissent là mieux et plus qu'ailleurs. Aussi parce qu'il n'y a pas beaucoup d' « ailleurs » encore pour les femmes. Si Lélia avait été homme, elle aurait aimé la guerre, la puissance : « Femme, dit-elle, je n'avais qu'une destinée noble sur la terre, c'était d'aimer. » Pour ces femmes, cantonnées dans le « privé », privées de liberté, de droits, d'autonomie, enfermées dans la clôture de la vie domestique et du mariage, l'amour reste « la grande, l'importante, l'unique affaire ».

C'est dans l'amour — et dans la maternité, mais autrement — que la société qui l'accable la valorise. C'est dans l'amour qu'elle se sent reconnue par l'homme comme femme, qu'elle peut se croire « maîtresse » de son cœur et de sa vie. C'est dans l'amour aussi, plus que l'homme, dans son éblouissement et dans ce « supplice inégal » que dénonce Hortense Allart qu'elle se vit comme « être » et se découvre vulnérable. C'est par l'amour que les femmes prennent le plus directement, parfois le plus durement contact avec leur statut, leur « destinée », la brutalité et la complexité de la société. Plus encore que pour les personnages masculins, l'itinéraire des héroïnes de romans passe par une « éducation sentimentale », souvent s'y enlise.

Dans ces histoires d'amour, autre chose se joue que les femmes ne peuvent peut-être comprendre ni dire ni faire entendre qu'à travers l'expérience amoureuse : limites, interdits sociaux, apprentissage, initiation, affirmation conflictuelle d'une personnalité. Comment, femme, vivre dans la société ? Comment vivre avec l'autre ? Comment devenir ce que je crois ou veux être avec l'autre ? malgré l'autre ?

La généreuse Napoline se donne la mort mais ce que met subtilement en scène Delphine de Girardin c'est le rôle de l'argent dans les rapports amoureux. *Ourika* est moins le récit de l'amour impossible d'une jeune Noire pour un noble Blanc que la révélation des barrières sociales, des barrières raciales, du poids du regard de l'autre qui vous fait prendre en horreur votre propre être. Elle est symboliquement l'histoire de toute femme qui « n'a pas rempli sa destinée : elle s'est placée dans la société sans sa permission, la société se vengera ». C'est l'histoire de Corinne, de Maréquita, de Nelida, de Consuelo. Femmes supérieures, incomprises, étrangères à cette société qui en fait des marginales, coupables d'être artistes, coupables d'être géniales alors qu'elles sont femmes, coupables d'aimer et comme la Nelida de Daniel Stern, coupable d'aimer hors du mariage. Corinne et Maréquita meurent. Nelida renonce à l'amour et trouve une raison de vivre dans une mission qui allie à l'altruisme traditionnellement « féminin » l'aspiration socialisante. Seule Consuelo réussit enfin à concilier sa vocation et son amour.

La société bourgeoise du XIXᵉ siècle exige des femmes qu'elles renoncent à leur carrière, à leur art si elles veulent être aimées et préserver leur amour. « Gloire » ou « bonheur », c'est en ces termes que Mme de Staël figure déjà ce conflit dans *Corinne*. A la fin du siècle et dans les premières années du XXᵉ, de nombreux romans féminins posent le problème : travail ou amour, profession ou mariage. En s'ouvrant aux filles, l'enseignement secondaire en 1881 puis l'enseignement supérieur ont donné aux femmes des possibilités nouvelles dont les effets se font immédiatement sentir. Dès 1889, on s'inquiète publiquement de la « cérébralisation excessive » des filles. De nouveaux types romanesques apparaissent : les « bachelières », les « sévriennes », les « cervelines » : professeur, médecin, avocate. Féministes ou antiféministes, les romans de Louise-Marie Compain ou de Colette Yver confrontent leurs héroïnes au même dilemme. Si Colette Yver les accule au renoncement à leur métier ou à la solitude, L.-M. Compain les place devant le même choix dramatique. Si, dans le *happy end* de *L'un vers l'autre,* le mari repentant et convaincu vient retrouver sa femme professeur qui a choisi de continuer son enseignement, c'est vers l'avenir que regarde L.-M. Compain. Ce nouveau type de femme qui veut s'affirmer par son travail et son rapport avec son compagnon dans une union nouvelle n'est encore qu'un être de transition qui, pour la société et sans doute encore pour elle-même, a quelque chose de monstrueux, d'inachevé, sorte d' « archéoptéryx ».

Flora Tristan exprime bien dans *Méphis* la contradiction de la femme en révolte contre le sort qui lui est fait par la société : « Elle voulait être approuvée par la société tout en réprouvant les préjugés qui la régissent. »

Comment vivre sans amour ? Comment renoncer à l'autonomie, à l'épanouissement personnel, à un travail qui peut devenir une autre passion, à des rapports sociaux nouveaux ? Comment s'épanouir sans amour ? Comment s'épanouir dans la dépendance et le sacrifice à l'autre ? Les textes de femmes disent au XIXe siècle la révolte contre « le joug », les difficultés et les peines à vivre avec l'homme et le désir d'y parvenir, de vivre avec lui autrement.

Là où la société dit « *ou* », les femmes voudraient dire « *et* ». Comment concilier l'amour, l'affirmation d'une personnalité, l'intégration dans la société restera le problème de nombre de romans de femmes du XXe siècle.

Si les femmes, dans leurs textes, parlent tant d'amour, c'est peut-être aussi parce que c'est le seul discours qui leur soit concédé. Qu'on se souvienne de la belle indignation de Barbey d'Aurevilly devant ces femmes de son siècle qui prétendaient écrire l'Histoire.

Encore ce discours est-il balisé, banalisé par les interdits. Interdits sociaux, religieux sur le corps, le désir des femmes. La « relation physique » qu'évoque George Sand pour dire, comme le fera Colette, qu'elle n'est qu'un « côté restreint et accidentel de l'amour » n'est pas directement lisible, à un niveau manifeste dans la plupart des textes de femmes du XIXe siècle tant sont prégnants les tabous sur la sexualité féminine, sur le corps féminin nié, caché, troublant parce que caché. On pense aux mots de Frédéric à Marie dans *L'Éducation sentimentale* : « La vue de votre pied me trouble. » On pense aussi à la déclaration de Mgr Henry reprise par un député à la Chambre en 1881 : « La femme doit être dans son corps comme si elle n'y était pas. »

L'acte sexuel, souvent accompli sans amour, dans le mariage ou hors du mariage, apparaît comme imposé à la femme. Lisons *Lélia* : « Je me dévouais en pâlissant et en fermant les yeux *[...]*. Quand il s'était assoupi, satisfait et repu, je restais immobile et consternée, les sens glacés. »

La frigidité apparaît dans bien des romans de femmes comme refus d'être « possédée », manière de rester maîtresse de son corps et de soi. Comme sans doute la chasteté de Consuelo face à Anzoleto et au comte.

Si Marceline clame son désir, le trouble de ses sens, si dans son journal, ses lettres, George Sand parle librement, après sa rupture avec Chopin, des souffrances de la chasteté, de ses désirs énervés, de ses genoux tremblants de volupté, du petit corps souple que Chopin n'étendra plus sur elle, dans les textes destinés au public le corps est censuré. Il faut le lire dans les métaphores et les déplacements. C'est ainsi que Flora Tristan, en évoquant son héroïne magnétisée par la puissance du regard de Méphis, dit le désir des sens, l'appel irrésistible du corps féminin.

Certes les saint-simoniennes réclamaient la liberté sexuelle et proclamaient leur « loi d'avenir ». Mais il faudra attendre la fin du siècle et que s'impose un autre discours social sur la sexualité pour que d'autres voix de femmes puissent s'élever : érotisme « décadent », jeux sado-masochistes des premiers romans de Rachilde, chant d'amour et de désir du corps de l'autre femme dans les poèmes de Renée Vivien. Liane de Pougy publie alors son *Idylle saphique*. Bientôt Colette, d'autres femmes parleront du désir, du plaisir. Des critiques des années 30 crieront à « l'impudeur fémine ». Mais c'est avec la levée de bien des interdits sexuels, de l'emprise chrétienne du péché de chair, avec la remise en question de l'idéalisation religieuse de la chasteté et la libération du tabou social de la virginité que pourra exploser, dans la prolifération contemporaine des discours et des images sur la sexualité, ce « langage du corps » où des écrivaines ont pensé vous l'avènement d'une « écriture féminine ». Mais au XIXe siècle, c'est en disant n'utiliser que « le langage du cœur » que George Sand affirmait sa spécificité.

Écriture et engagement

Leurs devancières des siècles précédents posaient déjà le problème des femmes, de leur condition, de leur destinée. Bien des textes du XIXe siècle vont plus loin. Ils s'engagent dans ce que l'on pourrait appeler d'un terme de l'époque la bataille de « l'émancipation de la femme », liées aux révolutions en cours.

Trois révolutions traversent ce siècle qui a vu passer deux empires et instaurer la République. Siècle exaltant et décevant pour les femmes. Le Code Napoléon légalise et fige leur « inégalité » et leur « infériorité ». Les révolutions passent sans que soit vraiment prise en compte « la question des femmes ». La bourgeoisie enferme ses filles à la maison et les filles du peuple dans les ateliers et les fabriques. Jamais pourtant les femmes et des femmes de milieux si différents n'ont participé aussi activement et aussi longtemps à la vie politique et sociale, des saint-simoniennes à Flora Tristan, aux membres des Clubs de 1848, aux fondatrices des journaux de femmes, aux Communardes, aux « frondeuses » de la fin du siècle. Les courants socialistes atteignent certaines femmes. Il y a, au XIXe siècle, une « littérature engagée » de femmes : essais, pamphlets, articles, pièces de théâtre, romans. Ces « romans à thèse » qui suscitent le sarcasme haineux de Barbey d'Aurevilly. Mise en question du mariage, droit au divorce, procès de l'inégalité entre les sexes, droit à l'éducation, à la liberté civile, morale inséparable de l'indépendance matérielle sont les thèmes de bien des articles mais ils s'affirment aussi dans ces histoires d'amour et ces intrigues romanesques. Barbey se plaignait de leur impact : « Les romans passionnés popularisent une idée et la font passer plus vite dans les idées et dans les mœurs que la plus crâne et la plus cambrée des théories. »

Bel hommage aux romancières.

L'écriture et l'engagement sont indissociables pour de nombreuses femmes écrivains, surtout à partir de 1830 et dans le dernier quart du siècle. Elles ne posent pas d'ailleurs le seul problème de leur condition. C'est la société elle-même qu'elles mettent en question.

« Mariage, sociétés, institutions, haine à vous ! », c'est en 1832 le cri d'un personnage de George Sand. Le rapport de l'oppression des sexes et des classes avec le problème du pouvoir est saisi par certaines d'entre elles. C'est Flora Tristan qui va le plus loin dans cette voie. Conscientes de l'oppression qu'elles subissent, elles le deviennent de toutes les oppressions.

Ainsi en est-il des femmes américaines qui posent dans leurs écrits le problème des Noirs ou des Anglaises qui, comme George Eliot, évoquent la détresse, la révolte des exploités. En France, de nombreux romans de femmes, surtout à la fin du siècle, décrivent la misère, mettent en scène les victimes de la société bourgeoise.

George Sand apparaît comme la grande romancière sociale de son époque. Dans *Mauprat, Le Meunier d'Angibault, Le Compagnon du Tour de France,* dans ses préfaces célèbres,

elle annonce le réveil prochain et terrible du peuple, pose le
problème de l'affranchissement des classes pauvres, de l'égalité des classes. Un jour, écrit George Sand, « le laboureur
pourra aussi être un artiste ». On croit entendre en écho la
fameuse phrase de Rimbaud : « Quand sera brisé l'infini ser-
vage de la femme, quand elle vivra pour elle et par elle [...]
elle sera poète elle aussi ! »

Féministes, les femmes écrivains ?

A la fin du siècle, des femmes sont à la fois des militantes
féministes et des écrivains, d'Andrée Léo à Léonie Rouzade
qui fonda l'Union des femmes en 1880 à L. M. Compain ou
Tony Ulmès.

Mais si la « revendication » féministe reste au premier plan
de tant de leurs textes, le féminisme des femmes écrivains et
des plus célèbres d'entre elles reste ambigu.

George Sand parle d'un « esprit de corps » dont elle serait
« imbue », sorte de solidarité d'opprimées. Mais si les femmes
écrivains sont capables de comprendre les militantes, elles sont
manifestement irritées par ce que, comme les hommes, elles
jugent ridicule ou considèrent comme des excès. Daniel Stern,
dans son *Histoire de la Révolution de 1848*, juge sévèrement
les saint-simoniennes, insiste sur le rituel, les séances de
magnétisme, le « mysticisme de voluptés » qu'elle déclare
« inacceptable pour la conscience moderne ». George Sand et
Daniel Stern semblent vouloir prendre leurs distances par rapport à ces « femmes libres », ces « bacchantes ». L'attitude de
George Sand, de Daniel Stern pourtant intellectuellement,
affectivement engagées dans la révolution de 1848 est, à
l'égard des militantes des Clubs, révélatrice dans ses réserves
et ses contradictions. Certes elles appuieront les femmes
emprisonnées en 1848 et demanderont l'amnistie. Mais

George Sand, on le sait, refuse de se porter candidate aux élections et utilise pour justifier son absence dans cette bataille les mêmes arguments que les hommes contre la participation politique des femmes : « La femme étant sous la tutelle et dans la dépendance de l'homme par le mariage, il est absolument impossible qu'elle présente des garanties d'indépendance politique. » De même Marie d'Agoult réprouvera comme une « démesure » une candidature de femme à l'Assemblée nationale.

Réserves de classe ? Ni George Sand ni Daniel Stern ne se sont vraiment mêlées aux batailles des femmes du peuple. Daniel Stern n'a pas appuyé la délégation des blanchisseuses qui demandaient la réduction de la durée d'une journée de travail qui atteignait alors quinze à dix-sept heures. On connaît les réactions de George Sand lors de la Commune.

Cette ambiguïté est évidente quand on considère le décalage entre la vie de ces femmes, leur liberté sexuelle, leur autonomie financière, leur épanouissement créatif, le ton et le contenu de bien de leurs œuvres qui semblent les placer à l'avant-garde des femmes et le caractère moralisateur, la reprise de stéréotypes que l'on retrouve dans certaines de leurs déclarations. Ainsi Daniel Stern, à la veille de 1848, dans ses *Esquisses morales et politiques*, considère « l'émancipation de la femme » comme « un vœu raisonnable » pour « régénérer la famille en relevant la condition morale de l'épouse et de la mère » et dans les *Lettres républicaines,* où elle évoque des révolutionnaires emprisonnées, elle fait siennes les conceptions traditionnelles :

« Au génie masculin, la solution des problèmes scientifiques, l'organisation de la liberté, de l'égalité sociale. Au génie féminin, le travail divin du cœur, la conciliation des classes devenues épouses. »

Contradiction profonde des femmes écrivains : leur propre itinéraire leur a fait prendre conscience de la souffrance, de l'inégalité des femmes, de la difficulté de s'affirmer dans un monde d'hommes. Elles se sentent les porte-parole des autres femmes et en même temps séparées d'elles par l'audace de leur comportement, leur réussite même : « la partie raffinée des femmes », « pour ainsi dire un autre sexe », selon le mot de la romancière allemande Sophie Moreau citée par P. Fauchery. George Sand dira de Mme de Staël qu'elle était « un homme-femme » et, au XXᵉ siècle faisant de son écriture son côté masculin, Colette parlera de son « hermaphrodisme mental ». Comme si les femmes n'arrivaient pas à se libérer vraiment de ce modèle du « cerveau masculin » qu'elles combattent. « C'est en général l'opinion de nos contemporains qui nous sert de frein », dit Flora Tristan. Pour ces femmes, c'est le destinataire masculin omniprésent qu'il faut séduire, gagner pour être acceptées, reconnues dans la société comme écrivains.

« Masculinisme » ou « différence » : l'écriture à la recherche de l'identité

Ont-elles donc été les « singes » des hommes, comme l'ont encore affirmé, après les pourfendeurs des bas-bleus, des écrivaines contemporaines sévères pour leurs devancières ?

Il ne s'agit pas tant de ce qu'on a appelé à la fin du XIXᵉ siècle le « masculinisme » de certaines de ces femmes, du vêtement masculin qu'elles ont souvent endossé par défi et pour échapper aux contraintes du « paraître » féminin, ni des pseudonymes masculins qu'elles se sont donnés pour tenter de déjouer la censure et les jugements sexistes (Christiane de Rochefort ne déclarait-elle pas encore en 1969 le désir qu'elle avait eu de ces « prénoms hermaphrodites qui n'alertent pas les critiques sur le sexe de l'auteur » ?) et pour se forger un nom qui ne doive rien à leur famille ni à leur mari ou qui consacre leur indépendance (des femmes ne signent-elles pas

Mme Alphonse Daudet ou Mme Octave Feuillet, renonçant
même à leurs prénoms ? Anna de Noailles ne signe-t-elle pas
au début du XXe siècle comtesse Mathieu de Noailles ?). Il ne
s'agit pas davantage de la revendication d'égalité qui a dominé
tout le XIXe siècle féminin. Non pas « se faire homme » comme
l'avait proclamé Ninon de Lenclos face à l'inégalité entre les
sexes, mais se battre contre cette inégalité de droit et de fait.
« Un 89 pour les femmes » sera un mot d'ordre militant de la
fin du siècle. Les femmes n'avaient pas alors à poser leur « différence ». C'est bien ainsi que la société les voyait : différentes. C'est-à-dire inférieures. Si certaines féministes comme
Madeleine Pelletier ont proposé de lutter contre cette différence par une éducation virile donnée aux filles, la plupart des
femmes écrivains du XIXe siècle revendiquaient l'égalité en
disant et valorisant leur différence : « Que la femme soit différente de l'homme, que le cœur et l'esprit aient un sexe, je n'en
doute pas », écrit George Sand dans *Histoire de ma vie*.

C'est sur leurs textes, leur « écriture » que porte le reproche
contemporain : elles auraient parlé le langage des hommes,
reproduit les images et adopté les valeurs masculines.

Que les femmes, privées d'études, admises comme par
effraction dans une culture d'hommes à laquelle elles
n'avaient souvent accès qu' « au hasard et à la dérobée » aient
été fascinées par des œuvres qui leur ont servi de modèles,
qu'elles se soient enthousiasmées pour les poètes romantiques
et se soient essayées sur leurs traces, on ne saurait le contester.
Antoinette Quarré a imité Lamartine, Anaïs Ségaas Victor
Hugo. Des écrivains hommes n'en ont-ils pas fait autant ? A la
fin du siècle, des femmes sont marquées par la pensée de Scho-
penhauer, de Nietzsche. Des hommes aussi.

Dans ce siècle romantique et bourgeois où la femme n'a
jamais été aussi encensée et vilipendée, « sur le piédestal et
dans la boue », disait A.-M. Blanchecotte, les femmes écrivains ne sont pas toujours parvenues à se défaire des images :

muse, étoile, lys, vierge pure, bourgeoise prude ou courtisane
que leur renvoyaient d'elles-mêmes tant de textes d'hommes.
Elles ont parfois, c'est vrai, peint, selon la formule de Simone
de Beauvoir dans *Le Deuxième Sexe*, des « idoles imaginaires
bâties sur des clichés » ou mis en scène des femmes vaincues et
coupables d'être « autres ». Elles n'ont pas toujours réussi à se
libérer des valeurs reçues ni, par mysticisme ou conformisme,
de l'auréole de l'abnégation et du renoncement. Ni à se dépar-
tir du ton moralisateur.

Il y a aussi pour les femmes à peine venues à l'écriture le
poids des formes, du langage littéraire tels qu'elles les trouvent, là où elles les lisent. Il y a une discordance chez certaines
femmes écrivains entre la hardiesse, parfois l'originalité de
leurs analyses, de leurs notations dans des articles, des lettres,
le ton, le rythme de leurs écrits intimes et le « pathos », la
banalité de bien des poèmes, bien des romans.

Certes, avec Hélisenne de Crenne et Mme de Lafayette, des
femmes ont joué un rôle dans l'instauration et l'évolution des
modèles romanesques et Mme de Genlis soulignait en 1811
l'influence des femmes auteurs dans la littérature. Mais la
majorité d'entre elles n'en sont pas à inventer des formes nouvelles, elles s'efforcent de posséder les outils de ceux qui écrivent.

« La première condition d'une œuvre d'art », dit George
Sand en 1854 dans une notice où elle présente *Consuelo*,
« c'est le temps et la liberté » : temps et liberté de défaire, de
refaire ce qui a été fait trop vite, de travailler, encore travailler un « style » dont, dit-elle dans une lettre, le lyrisme
« s'échappe dans un laisser-aller invincible ». Mais liberté
aussi de rompre avec le déjà écrit, le déjà dit. Liberté d'oser
aller plus loin, d'oser tenter de dire ce qui n'a pas encore été
dit. Cette liberté a souvent manqué aux femmes écrivains du
XIXe siècle.

Pourtant, malgré l'autocensure et les refoulements, dans les tâtonnements et les détours, ces femmes sont parties à la recherche d'elles-mêmes. Dans leurs contradictions et leurs limites. Idéalisation, introspection lucide ou confession voilée, témoignage ou fantasme, rêve ou dénonciation, leurs textes tentent de dire les femmes : leur condition et leur peine, un rythme de vivre, des aspirations autres, le rapport à l'homme, à la société, de leur point de vue. Du côté des femmes. Barbey d'Aurevilly brocardait leurs « qualités femelles » et humait dans leurs textes « l'odor di femmina ». Mais c'était, sous l'insulte, reconnaître leur spécificité. Encore prises dans les désirs et les rejets des hommes, « victimes » et « complices » à la fois, en guerre contre elles-mêmes, coupables et révoltées, prisonnières d'une morale au moment où elles la défiaient, certaines n'ont pas hésité, contrairement au jugement sévère de Simone de Beauvoir qui leur reproche de ne pas l'avoir fait, à « déranger », à « s'exposer », à « explorer », en quête d'une identité que la société ne leur permet pas encore de conquérir, en quête d'un « style » — on ne disait pas encore une « écriture » — qui, comme celui de George Sand, a encore « ses hauts et ses bas, ses grosses notes et ses défaillances ».

C'est dans ce conflit, cette tension, ces limites qu'il faut les lire et les entendre.

TEXTES CITÉS

ABRANTÈS Laure (Permon, duchesse d'), *Mémoires*, Paris, 1831 à 1835.

ACKERMANN Louise, *Ma vie ; Premières poésies ; Poésies philosophiques*, Paris, Lemerre, 1885 ; *Pensées d'une solitaire*, Paris, Lemerre, 1882.

ADAM Juliette (Juliette La Messine, Juliette Lamber), *Idées antiproudhoniennes sur l'amour, la femme et le mariage*, Paris, Taride, 1858 ; *Mes premières armes littéraires et politiques*, Paris, Lemerre, 1904.

ALLART de Méritens Hortense, *La Femme et la Démocratie de nos temps*, Paris, Delaunay, 1836 ; *Clémence*, Sceaux, Impr. Dépée, 1865 ; *Les enchantements de Mme Prudence de Saman*, Sceaux, Impr. Dépée, 1872, 2ᵉ éd. avec préface de George Sand, Paris, M. Lévy, 1873.

BASHKIRTSEFF Marie, *Journal de Marie Bashkirtseff*, Paris, Charpentier, 1887.

BLANCHECOTTE Augustine Malvina, *Impressions d'une femme, pensées, sentiments et portraits*, Paris, Didier, 1868.

COLETTE (Sidonie-Gabrielle), *Claudine à l'école* (sous le seul nom de Willy), Paris, Ollendorff, sd (1900) ; *La naissance du jour*, Paris, Flammarion, sd (1928).

COMPAIN Louise Marie, *L'un vers l'autre*, Paris, Stock, 1903.

COTTIN Sophie (Marie Rasteau), *Malvina* (1801), *Mathilde* (1805) in *Œuvres de Mme Cottin* (12 vol.), Paris, Roret et Roussel, 1820.

DAUDET Alphonse Mme (Julia Allard), *Journées de femme*, Paris, Fasquelle, 1898.

DESBORDES-VALMORE, *Élégies et romances*, 1818 ; *Pleurs*, 1833. Son œuvre poétique a été publiée aux éditions Lemerre, Paris, 1886-1887.

DURAS Claire (de Kersaint duchesse de), *Ourika*, Paris Ladvocat, 1824, rééd. en 1979 aux éd. des femmes.

GENLIS Stéphanie (comtesse de), *Mémoires*, Paris, 1825.

GIRARDIN Delphine de (Delphine Gay), *Napoline*, Paris, Gosselin, 1834 ; *Lettres parisiennes* (1836-1839), Paris, Charpentier, 1843 ; *Lettres parisiennes* (1836-1848), in *Œuvres complètes*, Paris, Plon, 1860-1861.

GUÉRIN Eugénie de, *Journal et lettres*, Paris, Didier, 1863.

KRUDENER Barbara Juliane (baronne de), *Valérie*, Paris, Henrichs, 1804.

LÉO Andrée (Léodile de Champceix), *Un mariage scandaleux*, Paris, Hachette, 1862 ; *Un divorce*, Paris, Libr. Intern., 1866.

LESUEUR Daniel (Jeanne Loiseau Lapauze), *Au tournant des jours*, Paris, Plon, Nourrit et Cie, 1913 ; *Nietzschéenne*, Paris, *ibid.*, 1907.

MICHEL Louise, *Mémoires de Louise Michel écrits par elle-même*, Paris, F. Roy, 1886, rééd. Paris, Maspero, 1976 ; *La Commune*, Paris, Stock, 1898, rééd. Paris, Maspero, 1970 ; *La Misère* (2ᵉ partie), roman en collaboration avec Jean Guêtré (Marcelle Tinayre), Paris, Fayard, 1882.

POUGY Liane de (Marie Chassaigne), *Idylle Saphique*, Paris, Libr. de la Plume, 1901, rééd. Paris.

QUARRÉ Antoinette, *Poésies*, Paris, Ledoyen, 1843.

RACHILDE (Marguerite Eymery), *Madame Adonis*, Paris, E. Monnier, 1888 ; *Monsieur Vénus*, Paris, F. Brossier, 1889 ; *L'Heure sexuelle* (10ᵉ éd.), Paris, Sté du Mercure de France, 1900.

REVAL Gabrielle, *Les Sévriennes*, Paris, Ollendorff, 1900 ; *La bachelière*, Paris, *ibid.*, 1910.

SALM Constance (princesse de), *Vingt-quatre heures d'une femme sensible*, Paris, A.M. Bertrand, 1824.

SAND George (Aurore Dupin, baronne Dudevant), *Indiana*, Paris, Roret, 1832 ; *Valentine*, Paris, Gosselin, 1833 ; *Lélia*, Paris, Calmann Lévy, 1833 ; *Jacques*, Paris, F. Bonnaire, 1834 ; *Mauprat*, Paris, F. Bonnaire, 1837 ; *Le Compagnon du Tour de France*, Paris, Perrotin, 1841 ; *Consuelo*, Paris, L. de Potter, 1843 ; *La comtesse de Rudolstadt*, *ibid.* ; 1844 ; *Jeanne*, Bruxelles, Hauman, 1844 ; *Le Meunier d'Angibault*, Paris, Desessart, 1845 ; *Lucrezia Floriani*, Paris, Impr. Proux, 1846 ; *La mare au diable*, Paris, Desessart, 1846 ; *François le Champi*, Bruxelles, Méline, Cans et Cie, 1848 ; *La petite Fadette*, Paris, M. Lévy, 1849 ; *Souvenirs de 1848*, Paris, Dupuy, 1880 ; *Histoire de ma vie*, Paris, V. Lecou, 1854-1855.

Œuvres complètes, Paris, M. Lévy (105 vol.).

A signaler dans les rééditions récentes, aux éditions Garnier : *Indiana*, 1962 ; *Consuelo* et *La Comtesse de Rudolstadt*, 1959 ; *Correspondance*, édition de George Lubin, en cours de publication depuis 1964 aux éditions de la Pléiade : *Œuvres autobiographiques*, 2 tomes (*Histoire de ma vie, Lettres d'un voyageur, Journal intime* et autres textes) présentés et annotés par G. Lubin, Gallimard, 1970 et 1971.

SÉGALAS Anaïs, *Enfantines,* Paris, Janet, 1844 ; *La Femme, ibid.,* 1847.

SÉVERINE (Caroline Rémy), *Affaire Dreyfus,* Paris, Stock, 1900 ; *Notes d'une frondeuse* (de la Boulange au Panama), Paris Simonis Empis, 1894 ; *Pages rouges, ibid.,* 1893 ; *Line* (1855-1867), Paris, 1921.

STAËL Mme de (Germaine Necker baronne de Staël-Holstein), *De la littérature considérée dans ses rapports avec les institutions sociales,* Paris, Maradan, an VIII (1800) ; *Delphine,* Genève, Paschoud, 1802 ; *Corinne ou l'Italie,* Paris, Nicole, 1807 ; *De l'Allemagne, ibid.,* 1810.

STERN Daniel (Marie de Flavigny comtesse d'Agoult), *Nelida,* Paris, Amyot, 1846 ; *Essai sur la liberté considérée comme principe et fin de l'activité humaine,* Paris, Amyot, 1847 ; *Lettres républicaines, ibid.,* 1848 ; *Esquisses morales et politiques,* Paris, Pagnerre, 1849 ; *Histoire de la Révolution de 1848,* Paris, G. Sandré, 1850-1853 ; *Mes souvenirs 1806-1833,* Paris, C. Lévy, 1877 ; *Valentia,* Paris, C. Lévy, 1883.

TRISTAN Flora, *Méphis ou le prolétaire,* roman, Paris, Ladvocat, 1838 ; *Pérégrinations d'une paria (1833-1834),* Paris, Bertrand, 1838 ; *Promenades dans Londres,* Paris, Delloye, 1840 ; *Union ouvrière,* Paris, Prévot, 1843 ; *L'Émancipation de la femme ou le Testament de la paria,* ouvrage posthume, Paris au bureau de la direction de « La Vérité », 1846, éd. récentes : *Flora Tristan — Vie et œuvres mêlées,* choix et commentaire de Dominique Desanti, Paris, Union générale d'éditions, 1973.

VIVIEN Renée (Pauline Tarn), Édition de ses *Poésies complètes (1904-1909),* Paris, Lemerre, 1948.

YVER Colette, *Princesses de science,* Paris, Calmann Lévy, 1907 ; *Les Cervelines,* Paris, Juven, 1908.

Ouvrages généraux et textes critiques

BARBEY D'AUREVILLY, *Les Bas-bleus,* Paris, V. Palmé, 1878.

GENLIS Stéphanie (de Saint-Aubin comtesse de), *De l'influence des femmes sur la littérature française comme protectrices des lettres et comme auteurs,* Paris, Maradan, 1811.

O. UZANNE, *Nos contemporaines,* Paris, Librairies Imprimeries Réunies, 1894.

Biographie des femmes auteurs contemporaines, Paris, A. Aubrée, 1836.

BEAUVOIR Simone de, *Le Deuxième Sexe*, Paris, Gallimard, 1949.

FAUCHERY Pierre, *La destinée féminine dans le roman européen au dix-huitième siècle*, Paris, Armand Colin, 1972.

LARNAC Jean, *Histoire de la littérature féminine en France*, Paris, Kra, 1929.

TABLE DES MATIÈRES

L'impression de ce livre
a été réalisée sur les presses
des Imprimeries Aubin
à Poitiers/Ligugé

pour les Editions Arthème Fayard

Achevé d'imprimer le 20 octobre 1980
N° d'édition, 6090 — N° d'impression, L 12933
Dépôt légal, 4ᵉ trimestre 1980